我有自己的宇宙

混沌中清醒
做自己的行动哲学

钱婧 —— 著

北京联合出版公司
Beijing United Publishing Co.,Ltd.

序 言
这是不怕的时代,这是"我"的时代

这是一本写给当代青年的"小"册子。我是有咸鱼情结的,做什么事情,都害怕"高大上",恐惧"精英",但又不忍平淡,会被"光荣和梦想"撩得热血沸腾,会在音乐节的草坪上为自己的无为哭得像个孩子。这可能就是繁杂世界中普通人的心境吧。

过去 20 余年,我的研究都在围绕着职场中的"我"展开。在大学商学院教书的过程中,我也和越来越多的年轻学生和职场人有了更加直接的交流。

老一辈会羡慕我们的时代,觉得我们活得很自我。社会发展到今天,对"我"的推崇也到了一个新的高度。随便在大街上拉个人,聊聊自我,都不尴尬。"我"已经和"爱情""幸福"这类词一样普及,是属于老百姓自己的声音。

但是,对怎么拥有"我",以及如何把"我"融入生活和工作的大熔炉和大混沌中,大家是畏难的,甚至是避而不谈的。

1887年，弗里德里希·尼采（Friedrich Nietzsche）在撰写《论道德的谱系》（Zur Genealogie der Moral）这本伟大的著作时，表达了对当时人类的不解。他觉得大家在以一种"心不在焉"的方式活着，对自我无知，并对这种无知充耳不闻、无力消化。他鼓励大家在生活中倾听关于自己的细语和回响。

一百多年后的今天，我们有在倾听自己的细语和回响吗？

越来越多的职场人追求"边界感"。"上班丑关我下班什么事"这样的词条不断冲上热搜，好像某个时间一过，腿往公司门外一迈，我们才能蜕下那层壳，拥有真正的"我"。这也是很多人痛苦的原因。

事实上，工作也是自我的一部分，不然我们也不会因为上班感到焦虑，甚至快乐不起来了。

关于自我的事，才会让我们牵肠挂肚。

我们似乎拥有了对"我"的想象，爱上了"我"的造景，但一旦把这个话题放在现实的职场生活中，就失去了筋骨和脾气。

而谁只要一说"我要做自己"，就像说"我要寻找真爱"一样，可能会被"成熟"的大人投以白眼。更有甚者，有人认为"做自己"是发展的阻碍，就像认为"要真爱"是经营婚姻的绊脚石一样。

为什么会这样呢？为什么我们在真实的情境中做自己会这么难？做自己的第一步到底是什么？

在这本书中，我提出一方"气息"，一个"志向"，一种"状态"，来陪着大家一起做自己。它就是——有自己的宇宙。

近年来我的研究发现，人们觉得不能做自己，或者说在职场不应该有"我"，是因为我们经常会面对这样的瞬间：和领导或者其他人有分歧，或者和环境格格不入时，是应该坚持自己，还是顺从呢？

我的课题组曾经做过一个实验，让被试对30个社会情境中的决策境遇打分。78%的人选择了顺从。这在一些培训课程中叫"生存智慧"——"别太较真了""差不多就行""听他的就好了，谁叫他是领导呢""人家都说这个不行，你为什么偏偏选它呢？"

但顺从真的就有好结果吗？显然不是，如果是这样，我们也不会悲伤。我们很多人卑微到可以接受没有自我，但如果什么都没有，这日子可怎么过？事实上，有自我，有自己的宇宙——有自己的场、自己的体系、自己的能量群、自己的暗物质——才能活下去，活得有志气，活得真实，不被职场这样的利益"黑洞"吞噬。

那如何构建和捍卫自己的宇宙呢？这本书就是一个引子，书里和大家探讨了职场上的中庸我思维模式。事实上，我们的思维模式就是我们真实的、不完美的、混沌的宇宙中的秩序。用这些行动向的思维模式，不断付出心思和心血构建属于自己的宇宙，就叫"做自己"和"爱自己"。

"有自己的宇宙"可以帮助我们脱离比较思维，构建自己的人生系统。比如，同龄人都开上豪车了，我还在每天挤地铁；同龄人都考编上岸了，我却没有一份稳定工作……他们的人生固然很棒，但我有自己的宇宙，我也只喜欢自己的宇宙呀！我们不用变成别人眼中"更好的自己"，而是要在自己的宇宙中，成为一个流动、立体、拥有无限可能性的"更自己的自己"。

电影《大话西游》里转世的紫霞，看到孙悟空从人群中离去的背影，说这人样子好怪。另一个声音说"我也看到了，他好像条狗啊"。

影评说，长大后才懂，我们背负的东西越来越沉重。生活的重担、贷款、养老、育儿、未来工作的不确定性……让我们活得像条狗。

我不这么悲观，我看到的是夕阳中武士的背影。虽然我们负担沉重，但我们有自己的宇宙，是自己的英雄。

这是一本凝结了我科研与执教十几年经验与体悟的诚意之作。

我想把它送给多年前那个懵懂、迷惘又渺小的自己，希望给她带去一束光。这束光不是答案，是一种召唤，让赤诚的人心有勇气去承载混沌生活的苍茫。

你有你的宇宙，现在的太阳光已经洒向未来。

PART 1

中庸我
不背叛自我的成事之道

中庸我是一种思维模式，相信在以自我为中心和顺从他人或环境这两极之间有一个平衡态的存在，而一切平衡的基础在于认识、认领和践行核心我。

"做自己"的两种思维模式：中庸我 vs. 梦幻我	006
人生闯关游戏：中庸我思维的心智模型	011
中庸我思维者和梦幻我思维者	018
虚假的中庸我思维	026
中庸我和梦幻我是二元选择题吗	031

PART 2　核心我
中庸我的主体

核心我是自我的起点和本质,是人生的"基本盘"。它的一部分是我们在过往的人生中给自己打下的基石,我称之为"基底内核";另外一部分是我们要去托举的"精神内核"。

认识核心我	039
核心我与个人成长	042
是果皮还是果核	046
工作观:中庸我的职场"野心"	048
金钱观:敏感却不能逃避的核心我	060
真诚善良:中庸我的价值底线	064
核心我的客观外在:学历	071
核心我的内核:健康的身体	074
核心我的底色:人格特质	090

PART 3　弹性我
中庸我的武器

成长这件事，可以说是我们与生俱来的本能。从点和面到体的发展，就是职场人从"菜鸟"到"老鸟"的成长之路。所谓的"弹性"，就是一个人构建价值的过程。

弹性我的成长魔法：乐高软技能	102
弹性能力和职场耐心	106
弹性能力1：时间管理	111
弹性能力2：积极注意力偏好	120
弹性能力3：信息的接收和处理	127
弹性能力4：表达力	135
弹性能力5：领导力	152
弹性能力6：展示力	168

PART 4　隐性我
中庸我的内在小孩

成长的伤痛在我们的内心留下了大大小小的疤痕。有的人带着疤痕继续前行；而另一些人的疤痕印刻在思维里，影响着工作和生活。曾经或者现在正在掣肘自己发展的价值和思维模式，就是我们的"隐性我"。

第二个原生家庭：职场中庸我的涅槃之道	179
你还是曾经的自己吗：中庸我与成功偏执	185
大家都在针对我：中庸我与高敏感	190
失控的渴望：饮鸩止渴的软成瘾	201
你在公司哭过吗：职场抑郁指北	210
吃掉压力的职场人：神经性贪食症	220
远离煤气灯：稳定核心我与职场 PUA	228

PART 5　混沌我
中庸我穿越迷宫的勇气

人是有限的，世界的混沌是无限的。在成长这条路上，我们会和混沌的事物与环境碰撞。这些重大的撞击是让核心我更加凝聚还是消散，是自然外物对个体脆弱的终极挑战。

在混沌中重新凝聚自我	238
成功以后的混沌怎么活	250
"卷"和"躺"的主动平衡	258
斜杠：混沌中成为我自己	269
混沌中的求学选择：弹性核心我的功课	276

PART 6　人生新算法
中庸我思维实景演练

> 中庸我思维是一套人生的新算法，是能够应对各种疑难问题的决策系统，是重新格式化自己、让思维获得新生的契机。试着把一些问题输入中庸我思维系统，看看会得出怎样的答案吧。

中庸我问题解决模型　　　　　　　　　　　　286

Q1　逛了逛校招，感觉本科学历很不值钱，我该怎么办？　289

Q2　目前面临择业问题，想选择自己喜欢的行业，但父母和长辈都觉得没前景，希望我去考公，我该何去何从？　291

Q3　觉得自己的工作没什么意义，自己就是个工具人，每天都很倦怠，怎么办？　293

Q4　感觉努力做事也没什么用，那我还要继续努力吗？　295

Q5　很害怕一到35岁就被职场淘汰了怎么办？　297

Q6　闺密从小到大处处压我一头，我们关系很好，但我又很嫉妒她，怎么办？　299

Q7　我跟家里关系淡漠，很羡慕周围人幸福的原生家庭，该怎么改善跟父母的关系呢？　301

Q8　跟男朋友时常为观念的分歧争吵，适合继续在一起吗？　302

后　记　　　　　　　　　　　　　　　　　　303

PART 1

中庸我思维
不背叛自我的成事之道

我不是天使,我是我自己。
——夏洛蒂·勃朗特 《简·爱》

PART 1 中庸我

在日常工作中，我们面临着高度的两难：一方面，音乐节上那个拥抱着光荣与梦想，想要做自己的人，他没有消失，昂着高傲的头；另一方面，好像一去上班、一走进公司，就要压抑起自我，听话，随大溜，"成熟"起来，这才是职场的生存之道。

我的研究团队在 2024 年 1 月进行了一项《新青年职场心智小调查》[1]，邀请了来自全国的 1000 余位青年参与问卷的填写，结果显示，高达 87.4% 的职场人认为工作中需要让渡一定程度的自我。这可能也是大家愤恨工作的原因吧？心花怒放的青春个体，一旦进入职场，就不得不顺从这个体系的运转规则，好像就变成了自己的

---

[1] 本书中引用的调查数据如无特别说明，均来自这项调查报告。如果你认为结果与自己的认知有出入，欢迎关注公众号"钱婧老师"。我们的系列调查将持续下去，期待你的参与。

客人，分明内心如火，却看着心如死灰。

我的研究探索了一个更深层的问题：顺从就一定意味着对自我的背叛吗？我发现，问题不在顺从这个行为本身，而在顺从的动机和归因。

如果我们的顺从是为了一个更内核的自我诉求和目标，那么一时的顺从，也叫作"做自己"。比如刚进公司时领导总让你干做表、报账这一类的杂活儿，你有点儿委屈，想敷衍了事或者干脆推掉。但转念一想，作为职场新人，我们确实还没有跟上级博弈的资本，还是先耐心做好这些杂事，才有往上走的机会。在这种时候，我们的顺从就不是背叛自我，而是为了更好的自我实现。

但如果我们的顺从撼动了底层的内核呢？比如你本身是一个坚守道德底线的人，领导为了拿下项目让你在材料上表述得模糊一点儿，编编数据；或者，让你暗中监控部门其他同事平时聊天的内容，打小报告给他；再或者，让你暗中给竞争对手使绊子，把你当成职场中不良竞争的工具……这些都是踩在你内核底线上或是直接踏破你底线的事。如果选择顺从，在做下去的那一刻，你就已经背叛了自我。而抛弃核心自我的结果，就是撕裂扭曲，人根本快乐不起来，更谈不上成长和发展。有的长辈会说"我们年轻的时候都是这样过来的"，这话或许没错，但在当下这个时代，社交媒体上一张张个性张扬的脸已经让年轻人充分地见过"自我"的世面。这个时候再让大家回到自己的生活里去压抑和扭曲自我，痛苦程度与过去不可同日而语。

那么，我们的自我究竟是什么呢？其实大部分时候，我们不清楚自己真正拥有什么，想要什么，坚守的价值是什么；更不用说了解自己不想要什么，什么不是我们的核心，要抛弃和斩断什么了……因为我们分不清真实情境中的"我"和"非我"，也就不知道自己的顺从究竟是在"背叛自我"还是在"卧薪尝胆"。认知上模模糊糊，行为和态度就容易别别扭扭，心不甘情不愿。那么很自然，跟我们交互的人就会觉得这个人配合度很低，还没有什么想法，属于职场中最不讨好的人设。

这样鬼打墙的死循环就这么侵蚀着人的精力和能量，压缩了本应该去弹性生长的空间。而我们如今的生存环境本身就是混沌不明的，在这样的混沌中，我们就更容易又糊涂又愤怒，好像通了电的浮萍，既接不上地气，又没有岁月静好。

更不消说，我们从小成长到现在，都是心里有伤的人。那些外界看不见却一路跟随我们的成长伤痛和印记，也需要我们去面对或者埋葬。

怎么从顺从和唯我的二元选择中解脱出来，找到平衡、不卑不亢的职场和人生状态？在这本书中，我将为大家介绍一个源自中国传统文化的思维工具，带领大家运用东方哲学的智慧和西方管理心理学理论去破解这一难题。

"做自己"的两种思维模式：
中庸我 vs. 梦幻我

> 他们将体系糅入自己的身体，灵活地屈伸，以最快的步伐，朝着最正确的方向往前走着。这些个体清醒地认知到自己在体系内所处的位置，珍惜微小的幸福，知道如何利用敏锐的感知力来守护幸福。这种感知力与其说是妥协，倒不如说是一种"应战"。
>
> ——职场小说《工作的喜与悲》

思维模式会影响一个人的职场乃至人生状态。

"中庸"一词最早来源于《论语》，指不偏不倚、无过无不及的人生之道。

近几十年来，组织研究的学者把中庸思维作为一种个体的思维方法论，放在组织情境中去研究，揭示了一些积极的预测结果。这些发现让人欣喜，但同时，我们可以观察到，在现实生活中，中庸践行起来举步维艰。提起这个词，你首先会想到什么？在很多人眼中，中庸意味着和稀泥，维持表面的和谐，用多元思维去想通不知道是不是应该想通的事情；或者就是让人忍气吞声、趋炎附势，变得越来越"鸡贼"和世故。

我最近几年一直在思考这件事情,为什么一个经典的文化符号,却似乎只给我们留下一些"迂腐"的陈词滥调呢?这不科学。事实上,上面描述的并不是中庸,而是孔子说的"乡原"。《论语·阳货》里有言:"子曰:'乡原,德之贼也。'"孔子说得很"直球",这里的乡原,就是指那些没有真正的自我和生命力量,却在社会上八面玲珑、媚俗趋时的伪君子。孔子是强烈反对乡原的。

做了一系列职场研究后,我发现,我们在千古的传承中,在职场和社会生活的实践里,有时候把中庸思维中最重要的要素"我"给丢了。中庸没有了"我",就没有了主动性和人的生命力量,丢了精髓,抽了脊梁。难怪青年不喜欢。

换句话说,我们中华文化的精髓并不是多元思考和和谐思维,而是人和境遇的"合一"。

为了强调思维模式中的"我",我在这本书里将职场中两种关于自我的思维模式,叫作"中庸我"和"梦幻我"(见图1)。

> **中庸我**是一种思维模式,相信在以自我为中心和顺从他人或环境这两极之间有一个平衡态的存在,而一切平衡的基础在于认识、认领和践行核心我。

> **梦幻我**是一种与之相对的思维模式,认为顺从他人或环境会导致失去自我,拥有自我就意味着不能顺从。梦幻我思维者自己的核心我飘忽不定、难以落地,他们认定的事物也可以轻易舍弃。

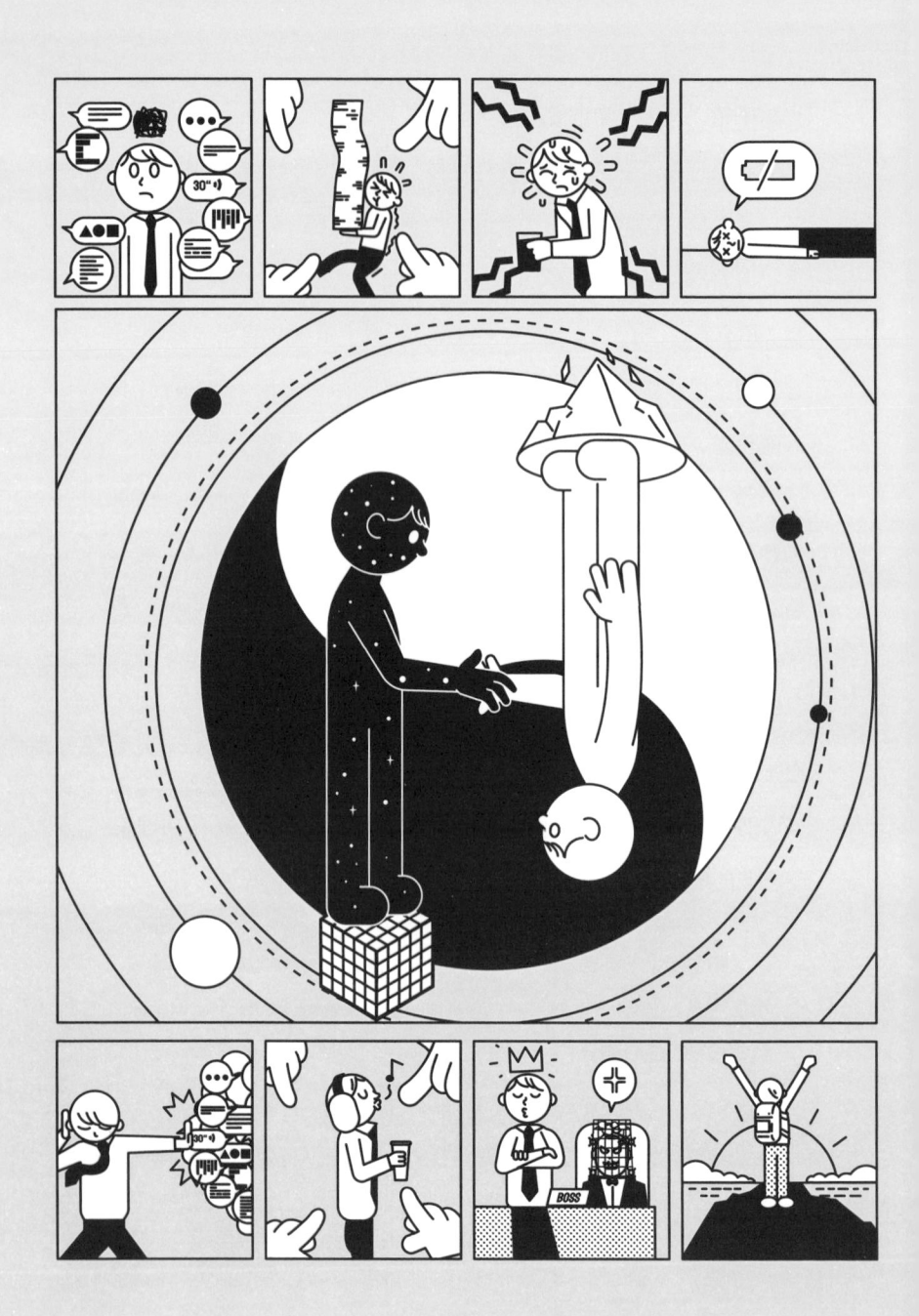

图 1　中庸我和梦幻我

自我审视：我是"中庸我"还是"梦幻我"？

根据我们前面的阐释，我想请大家思考一个问题：目前的你，属于哪种思维模式？回答以下问题，阅读每一条并判断同意与否。

> **思维模式自测**

1. 我清楚自己的优势和不足。
2. 我一身缺点，职场发展希望渺茫。
3. 我清楚自己想要什么，现在把精力都放在这上面。
4. 我有一些职场目标，但似乎努力也不一定有用，所以也就没那么努力去做。
5. 遇到新的问题和难关时，我愿意学习新的技能去解决它们。
6. 我每天把大量时间用在抱怨自己的工作上。
7. 只要是我认准的职场目标，我愿意为之付出数倍于他人的努力。
8. 我是个原生家庭有问题的人，职场发展基本没戏。
9. 我可以和过去的伤痛共处。
10. 我会对一件事情纠结很久，总想等找到一个万全的方法之后再行动。

问题1、3、5、7、9反映了中庸我思维模式，问题2、4、6、8、10反映了梦幻我思维模式。你更倾向于哪种思维模式呢？我们的思维可以混合这两种模式，但大部分人还是倾向于其中一种。

过往的研究反复告诉我们，思维模式是可以改变和选择的。下面就带着你的答案,来看看如何养成中庸我思维模式,让职场和生活变得更加自如、更加"自我"吧。

人生闯关游戏：
中庸我思维的心智模型

> 你的主旋律我想已经有了很好的一个了，就是一个战士的主旋律，为有益的一切而战斗。还有一个光明天使的主旋律，爱护和帮助别人。
>
> ——王小波 《爱你就像爱生命》

我在互联网连线答疑时，收到过很多朋友在职场中两难的困惑，比如：第一学历不理想，找工作被歧视怎么办？敏感内向、不善交际的人如何处理好复杂的职场人际关系？领导给我穿小鞋，我是该忍气吞声还是奋起反击？每天上班如上坟，躺不平又卷不动，如何重新发现工作的意义？

在数千次的答疑之后我发现，朋友们的焦虑、迷惘、困惑、无助，根源是思维模式出了问题。如果我们尝试用中庸我思维去看待这些问题，就会发现岔路口以外的柳暗花明。在这本书中，我会为大家揭示思维模式在看待问题和解决问题时发挥的作用。

中庸我的思维模式能够让我们眼中的世界焕然一新。好奇的朋友不妨在读完全书之后，再回到这里，感受一下自己的变化。

那么问题来了：如何发展出中庸我思维呢？"中庸我"这个源自先秦时代的玄妙概念如何在当代语境中落地呢？基于20余年职场心理学和个人成长的研究，在本书中，我将人的自我拆解为核心我、弹性我、隐性我和混沌我四个维度。接下来的章节，我将带大家从这四个维度重新认识自己，搭建自己的心智模型，并通过对这四种自我的打磨和运算，发展出一个内核稳定、游刃有余、不卑不亢的中庸我。

你玩过任天堂的常青游戏《超级马里奥兄弟》《塞尔达传说》吗？它们陪伴过很多80、90、00后上学或上班之余的闲暇时光，为了让书中的概念更加亲切易懂，在接下来的内容中，我会将"中庸我的心智模型"（见图2）融入一个这样的闯关游戏，让我们一起开始这段冒险之旅吧！

1. 角色和主线任务：核心我

进入游戏的第一步就是要认领自己的角色和主线任务，这就是我们的"核心我"。核心我包含了两个层面的内容：一层是客观的人口统计学背景、身体条件、人格特质等，相当于游戏中生命值、武力值、防御值等角色属性，这些属性在短时间内难以改变，是需要我们去知晓和接纳的；另一层是我们的核心价值观、金钱观、工作观等精神内核，是需要我们去托举和践行的，对应着我们在游戏

图2 中庸我心智模型：人生闯关游戏

中的主线任务。在中庸我思维模式下，我们首先要搞清楚自己的核心我，认领自己的角色属性，再用具体的行动践行主线任务。

如果游戏的开场音乐已经响起，我们还把手柄一扔，抱怨自己为什么抓到了一手烂牌，那是很难一路过关斩将、到达胜利的终点的。具体到现实中的职场，很多朋友会觉得第一学历或原生家庭拖累了自己的职场发展，否定自己的过往，抱怨父母和社会，这其实就是没有认领自己核心我的表现。而一边"摸鱼划水"，一边想要年薪百万，则是行动与核心我之间出现了错位。

在本书的 Part 2 中，我们会用专门一个部分的内容来探讨如何辨识、认领并践行自己的核心我。你会发现在中庸我思维模式下，我们能够减少自怨自艾和怨天尤人，积极乐观地看待过去、现在和未来的自己；还会变得目标明确、意志坚定、脚踏实地，一步步在混沌中前行，在现状上开出花来。

2. 武器装备和技能点：弹性我

认领了主线任务之后，我们就要开启自己的升级打怪之旅了。在闯关游戏中，角色属性可以通过获取武器装备来提升，也可以通过积攒技能点来修炼。这些为角色升级所做的努力就对应着我们的"弹性我"。

在中庸我思维模式下，我们要围绕核心我来延展弹性我，培养自己的弹性能力群，如时间管理能力、信息接收与处理能力、表达力、领导力和展示力等。如果我们忙忙碌碌一天下来却觉得什么都没干，说明该提升时间管理能力了。如果干活任劳任怨，升职加薪却遥遥无期，那可能是工作展示力出了问题。其实市面上各种各样职场书中传授的能力，大多可以纳入弹性我的范畴。在 Part 3 中，我会为大家具体讲解 6 种提升弹性能力的方法论，让你更好地应对职场中的各种挑战和问题，实现职业发展目标。

3."战损"的队友：隐性我

没有人生来完美。我们的成长经历和原生家庭都可能带给我们难以磨灭的痛苦。我们过往所接触过的人和事，都会对我们的行为和性格留下很大的影响。就像游戏中，我们的角色也会因为受到怪物的袭击和踩中机关陷阱等带上看不见的伤痕。这些伤害可能会降低我们的攻击力和防御力，也可能让我们的"血条"变短，削弱角色属性。在中庸我战斗序列的四个"自我"成员中，"隐性我"是最脆弱的内在小孩。我们要悉心呵护他，给他穿上厚厚的铠甲，用各种"法术"和"灵药"来疗愈他的创伤。最重要的是，无论隐性我能不能满血复原，都要带着他一起继续前行。

比如说，高敏感人群拥有敏锐的观察力和感知力，但如果把这种能力放在人际关系中，我们就很容易让自己焦虑不已："我要是主动说话了，万一没人接话，我多下不来台呀""我刚刚说的话，会不会被误解""我要是不说话,同事会不会觉得我假清高"。对中庸我思维者来说,在了解、认领这样的特质可能带来的心理挑战之后,他们往往会接受这部分的自己,在择业的时候选择一些社交挑战低的工作;在必须应对人际关系的时候,尽量去做但不苛责自己,能做多少是多少,在行为层面留出弹性空间。逐渐捡拾破碎,缝缝补补,这样的职场前行才比较务实和有力量。

本书的 Part 4 中,我们会为大家提供一些疗愈隐性我或者与之共处的具体方案,让你更好地呵护这个中庸我的内在小孩。

4. 勇闯迷宫:混沌我

最后一个层面是中庸我的抗风险能力。我们身处一个混沌的职场世界中,会面对各种挑战和不确定性。就像我们在游戏世界前行的路途中,会不可避免地遇到系统设置的各种各样的迷宫。迷宫中的情境更为复杂,触发困难的机制也更加随机,应对起来跟一般环境大不相同。这就是中庸我思维中的"混沌我"。混沌我会给予我们应对风险的力量,让我们在残酷而混乱的现实世界中勇敢前行,紧紧抱好核心我,去交互,去利他,去适应变化,去成就自己。

本书的 Part 5 中,我们会跟大家具体讨论如何应对情境变化带来的风险和挑战,如何摒弃"环境洁癖"和"完美主义",比如个体如何面对社会环境的变化,如何突破职场瓶颈,如何应对学历焦虑等。

我曾经读到过这样一段对《超级马里奥兄弟》的评论:"马里

奥就站在左侧，他只能往一个方向走——只能往右走，新的场景和敌人会从右边不断出现。他穿过8个世界，每个世界有4关，每一关都有时间限制，直到他找到邪恶的库巴，并拯救被俘虏的碧姬公主。在这32关当中，马里奥的背后有一堵墙，游戏用语称之为'看不见的墙'，这让他无法后退。他没有办法后退，只能向前走——无论是马里奥、路易吉，还是你和我，都一样。人生只会往一个方向前进，也就是时间流动的方向。无论我们努力走了多远，这堵看不见的墙永远都会紧跟着我们，让我们无法回到过去，强迫我们前往未知的未来。"

我经常在演讲和问答中对年轻朋友们说："人生就是关关难过关关过。"我们的人生或许不完美，或许永远都无法避免困难、挫折、伤痛、焦虑和迷惘，但这是属于我们的独一无二的旅程。就让我们伴随着中庸我思维的旋律，敲起人生的战鼓吧！

中庸我思维者和梦幻我思维者

> 高贵与低贱同行成双,只有中庸独来独往!
> ——泰戈尔 《尘埃集》

中庸我思维模式是个体发展的光。能在困顿中杀出重围的人,思想上几乎都有中庸我思维的影子。

一说到具体的现代职场人物,我的脑子里浮现的是那些经典老剧中极具信念感的角色。在这些剧集里,"职业美"超越了性别、年龄、岗位、行业和衣装本身,打动了一代又一代观众。至今,我在一些老剧的评论区还能刷到非常年轻的朋友写下的情真意切的留言:"我又想上班了""就是因为看了这部剧,我报了医学专业""换一部剧就想换一个理想职业,律师、医生、警察、消防员、谈判专家、心理医生、厨师、导游……"。

《鉴证实录》中陈慧珊饰演的法医聂宝言,穿着一身黑色暗条纹西服套装,单手出示证件,之后撩起警戒线,俯身检查各种案发现场的场景,是我对专业人士的初印象。聂宝言继承父亲遗愿立志捍卫社会公义,这是她牢牢认领的核心我。抓住核心我之后,人就会呈现出与众不同的定力。她有一句很"中庸我思维"、很有力量的话:"一个人最要紧的是知道自己在做什么。我很清楚,我的工作是验出每一位死者真正的死因,不能让他们死得不明不白,所以我每次工作都会很专心。当我专心做事时,我根本就没有空害怕,也没有时间去害怕。我唯一最怕的就是工作做得不够好。"而这种中庸我思维者的笃定感,在一系列职场人角色的眼神中都可以看到。在《妙手仁心》里,邵美琪饰演的妇产科医生 Anson 正在帮人接生,而另一边正在发生劫持案。她一脸镇静地对身边的人说:"别管别人,做好自己的事。"美剧《实习医生格蕾》前几季中的实习医生们生机勃勃、斗志昂扬,为了火热的核心我去拼杀,为争取参与一个手术百米赛跑,在各种沮丧中拍拍自己、拍拍同伴,继续向前走的热情和什么都可以理解、什么都可以宽恕的终极悲悯,是很动人的。这部剧,是我孤寂苦闷、痛彻心扉的读博生活的背景音。

《陀枪师姐》中的女警朱素娥,起初入职警队是因为收入不错、假期多、有时间照顾家庭。这个时候她属于梦幻我思维,核心我是模糊的,每天的生活就是围着老公和儿子转,什么都相信和依靠老公。所以丈夫婚外情曝光并提出离婚时,她觉得整个天都塌了。但这个打击也让她痛定思痛,找回自我,建立起了自己的核心我——独立自强。被激发出野心和斗志的娥姐再也不是某个人意志的附庸,她从文职警察一路刻苦训练,成为中国香港第一代配枪女警,在职场上闪闪发光。她自己也不由得感叹道"长这么大第一次这么能干",

中庸我思维让她体验到了工作带来的成就感和"做自己"的幸福。有类似经历的还有美剧《傲骨贤妻》里的女主角艾丽西亚·弗洛里克。在作为政客的丈夫彼得因丑闻入狱后,艾丽西亚重拾自己在婚前的职业——辩护律师——重返职场,从实习律师开始了自己的核心我重建之路。

还有我们熟悉的、叱咤荧屏十几年依然热度不减的"顶流职场神剧"《甄嬛传》中的女主角甄嬛。她出身于官宦世家,父亲是大理寺少卿,属于京官,掌管刑狱。在后宫这样的职场中,家世背景好就意味着赢在起跑线,所以甄嬛能一入宫就得赐"莞",封"莞常在"。她也是这一届秀女中唯一被皇上赐予封号的。那么,这样出场自带光环的朋友,就不需要中庸我思维了吗?其实不是的。越是这样,就越需要。

整部剧中,抛去主角光环,甄嬛所谓的智慧,就是在成长的路上认领了自己的核心我——甄氏一族的性命荣辱。在前期,她本就不愿入宫,但命运弄人,她不得不成为后宫的一员。在入宫之后,她发现形势险峻,只想自保和保住甄家,这时装病避宠是她认为对的选择。她能够利用装病的时间了解后宫的动向,再作打算。后期即使是离宫修行,在得知父亲在牢狱中性命垂危之后,她也决定重返宫中,面对这一切。这些或顺从或自发的行为,都是围绕着核心我的诉求进行的。她明白在后宫这个职场中,无论对谁,皇上的偏爱都不会长久。甚至"爱情"这个东西本身就是和她笃信、认领的"甄氏一族的性命荣辱"这个核心我相冲突的。想清楚这点以后,她调

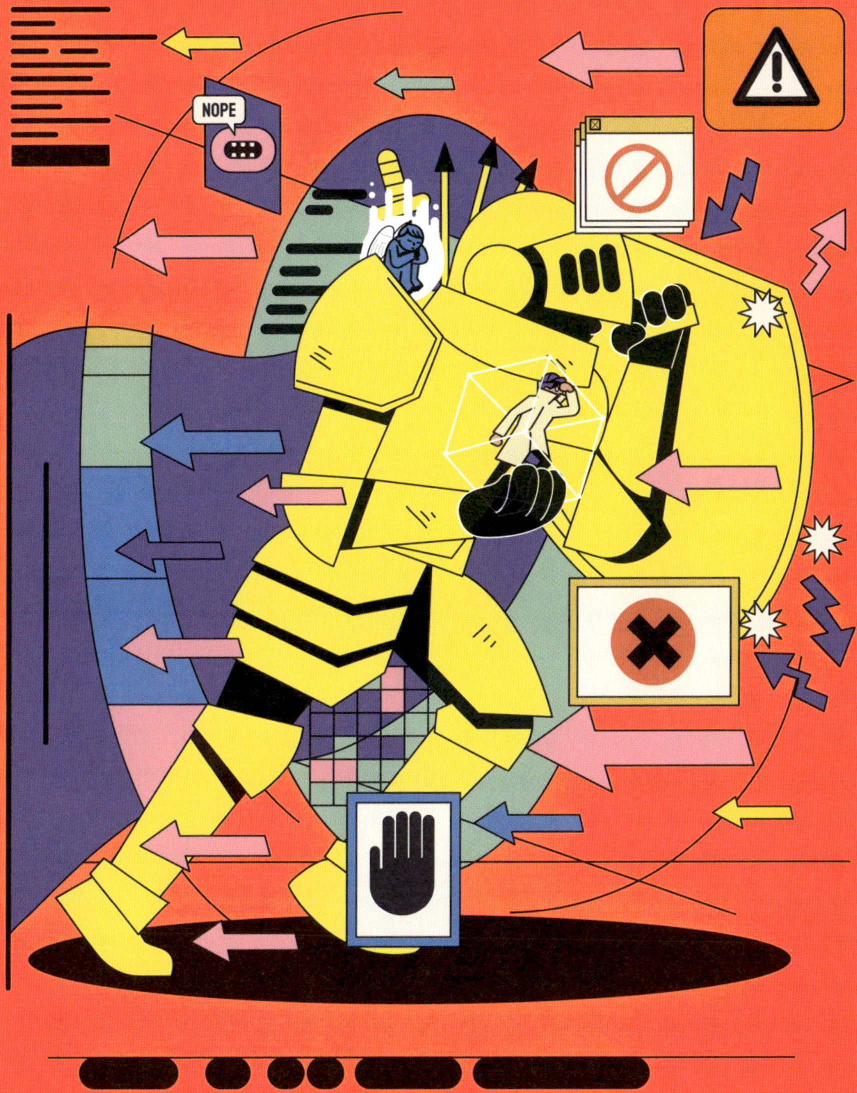
NOPE

中庸我

在"以自我为中心"和"顺从他人或环境"这两极之间
有一个属于自己宇宙的平衡态。

整了和皇上之间的交互模式，砍掉了"爱情"这部分诉求。在和果郡王的剧情中，她也放弃了这段险些置她于死地的关系。看似无情，但其实爱情这一部分早已被甄嬛的核心我除名了。

剧中的梦幻我思维者更加典型，有把自己的核心我放大到极致、要求大家为此买单的华妃，也有把自己矮化、畏首畏尾的三阿哥。

华妃年世兰出身名门，家世显赫，从小就受到父母和兄长的宠爱和优待。她的核心我是"我只爱皇上，皇上只爱我"，稳定吗？很稳定。但是，这个核心我并不是靠她自己就能做到的，需要皇上和其他嫔妃的配合，但显然，皇上的核心我是"朕的江山"，里面不但没有年世兰，也没有其他嫔妃。他唯一放在心里的，还是已故的纯元皇后。这也注定了华妃核心我的错付和无法落地。华妃以为好的家世会让皇上更爱她，但事实上恰恰相反，这对皇上的核心我构成了威胁。而皇上给华妃安排的欢宜香以及之后对华妃兄长年大将军的处置，正是对这一威胁的回应。

三阿哥的核心我是他母亲齐妃植入、他自己从未认领的。他从小被娇惯长大，和母亲绞杀伴生。他的核心我是"我妈让我当皇上"，而且从行为中可以看出，这一核心我完全没有被内化，所以他执行起来自然是别别扭扭、效果不佳。

那么，齐妃自尽之后，三阿哥就去找寻自我、回归本真了吗？并没有。他不熟悉这个部分，只熟悉寄生在别人的"我"上的生活，于是他的核心我迅速变成了"皇后让我当皇上"。为了配合皇后的安排，他上蹿下跳，想要建功立业去讨好皇上。在先帝祭礼的过程中，原本一切妥帖，但三阿哥由于自己没有主见和判断力，信了四阿哥的煽动，开口为八叔和十四叔求情，高举"孝道""仁义"的大旗，在皇上的雷区蹦迪，最终落得割了黄带子的下场。

除了一味放大核心我、唯我独尊和矮化自我、唯唯诺诺这两种模式之外，还有一种梦幻我的模式，是在放大和矮化自我之间摇摆。2023年初的现象级职场电影《毒舌律师》中黄子华饰演的主角林凉水就经历了这个天人交战的历程。林凉水的核心我笃定——良知和正义——但他的职场生涯很不顺，做了20年律师、10年法官依然"一事无成"，升职无望。这些年，他有拥抱核心我吗？我想是有的，但坚持核心我就一定会成功，会颠覆"一事无成"的现状、获得他人的认可吗？不一定，拥抱核心我是一码事，获得世俗成功是另一码事。

这就是林凉水的痛苦之处。

林凉水这样理想主义的人，一般在初期是只想要"良知和正义"的，只是之后在日复一日的社会比较中，随大溜偷偷地把"世俗成功"也塞进了核心我里。这其实无可厚非，但他忽略了一点，在高度竞争的环境中，世俗的成功和理想主义的价值如果想要并行，是需要非常高水准的弹性能力去支撑的。显然他还不具备这种能力，也不觉得这是个问题。一路走来，他的核心我越来越拥挤，弹性能力却很单一，导致头重脚轻，举步维艰。影片中，他把自己职业生涯的坎坷归因为一句话："不会捧臭脚、攀附权贵。"这时候，他的梦幻我因为有"良知和正义"撑腰，是唯我独尊的，虽然没能实现，但是活得理直气壮。

之后，他决定换个活法，改造核心我，矮化自己，把自己良知和正义的核心我扔了，留着成功就好了，去轻装上路、攀附权贵，做他根本看不上也不擅长的"捧臭脚"。他重新干回律师老本行。在之后的一次庭审中，为了向有钱有势的钟家示好，他没有按流程操作，结果钟姓证人当庭反悔，导致无辜的被告被判入狱 17 年。悔恨和愧疚感推着他重新找回了核心我——"良知和正义"。之后发生的事可以由影评里的高频词"爽"来概括，大概意思就是电影的情节粗放了一些，有点儿网络爽文的意思，一路呼喊，最后有了得偿所愿的结果，小人物迎来了春天。

林凉水虽然是英雄，但他的梦幻我思维从未消失。他的核心我忽大忽小、可增可减，他也从来没有捍卫好自己的核心我。倘若没有后边这一番编剧的神助攻，恐怕影片仍然是梦幻破碎的不团圆结局。世界挺残酷的，能在社会的大混沌中依然爱自己，是一种多么大的勇气。世人都说，林凉水的失败是捧臭脚失败，捧不到臭脚失败，不会捧失败，捧错了还是失败。我个人以为，他是厌恶自己——人到中年事与愿违的自我厌恶。

如果林凉水去照镜子，看见饰演他的演员黄子华，学习一下黄子华的中庸我思维，可能生活会舒心一些。黄子华大学学的是哲学专业，按他的说法，"说实在的，选哲学纯因到了外国后，多了一点时间去思考问题，然后我便发觉，很多问题不单是答不上，实际是怎样发问也未懂，所以便想去找寻这个答案"。他的核心我里的野心却是演戏。这两点的不匹配是显而易见的。他因为哲学专业不会分配演戏的工作而抱怨过吗？没有。相反，他在自己的舞台剧、电影、电视剧、一票难求的栋笃笑[1]中，都用到了自己的专业知识，哲学底蕴和思考让他成为这个职场圈子里"无可替代"的存在。人们对黄子华的审美已经超越了职业、性别、眼睛大小、脸形和身高的标准，苦中作乐、紧抱核心我在现状上开出花、锲而不舍……这些特质都被他诠释得淋漓尽致。

他的职业生涯顺遂吗？从结果来看是不顺的。现在有句话，说人就是活那几个瞬间，人的苦难其实也是。苦这个东西，你吃过就是吃过，无论之后再多蜜糖，也不能格式化当初的记忆。年近三十跑龙套养不活自己，准备去卖房子；热爱电影，但拍了近四十部影片每部都票房惨淡，他有像林凉水一样，冲着苍天喊"everything is wrong"（一切都是错的）吗？没有，试想我们自己有个梦，一直圆不了，会到年近六十还要再拼一把吗？林凉水不会，黄子华会。他在六十岁才等来第一部卖座的电影《饭戏攻心》和紧接其后的《毒舌律师》。他为什么还会再拼一次，是因为他不甘心吗？我认为不是。他不缺其他方面的认可，"视帝""栋笃笑之神"，名利双收。但他一直抱着自己的演戏梦，电影是这个梦的最佳落点，所以他想再试试，希望让大家喜欢，票房就是喜欢的代名词。仅此而已。

---

[1] 这个词由黄子华首创，指英文中的stand-up comedy。

认领一个清爽的核心我,是践行中庸我思维的第一步。要得少一点,能力丰厚一点,一直向前走,是一辈子的功课——自我保护、自我爱护的功课。

虚假的中庸我思维

> 故君子尊德性而道问学,致广大而尽精微,极高明而道中庸,温故而知新,敦厚以崇礼。
>
> ——《中庸》

只要认领和践行核心我,就属于中庸我思维吗?也不尽然。在职场范畴里,"我"不是"我自己"。在这种情境里践行核心我,要有"我们",要有利他之心,要勇于和他人的核心我交互。不然的话,就是唯我独尊的梦幻我思维。

我们经常在社交媒体上看到一些商界八卦,矛盾也大都来自大家核心我的矛盾。大家都说自己为公司好,其实各自的核心我在公司这个介质上的诉求是不一样的。在这种情境下,领导非常重要。领导力其实就是对核心我的统一,或者用技巧和胸怀让不同的核心我在团队中共存。讲领导力课程的时候,我强调的No.1的能力就是资源分配的能力。这里的"资源分配"其实就是领导去照料不同员工的核心我的过程,这里"资源"的定义比较宽泛,比如钱、钱的各种变体、汇报逻辑、办公条件、曝光机会、学习机会等。

如果核心我的诉求是钱或者资源这类显性的，这是比较好解决的，因为是摆在明面上的，大家可以摊开了去聊。但如果核心我的诉求比较隐晦，就会产生很多误会和管理方面的困境。在日剧《我要准时下班》里，剧中一位角色三谷佳菜子的核心我是"自律"。她从小学起就没有请过一天假，到公司后也保持全勤，即使是感冒了也绝对不会请假。到这里都还没什么，是在践行核心我。但是，当她把自己近乎偏执的严苛自律带到职场中的时候，她的梦幻我思维出现了。更可怕的是，她还是领导本人。于是，出现了一系列问题，大家无法和她的核心我兼容，她也不能容忍普通人上班时"满足要求、赚到钱就够了"的核心诉求。临时担任项目总监的她不能接受工作中出现任何纰漏，即使已经下班，仍然会留在座位上兢兢业业，甚至明明可以第二天在工作时间完成的事，也非要当天多加班两小时去做。这些标准同样被她强加给了下属。更可怕的是，她不能原谅新人出错，更是不领会身边人好意的提醒，最终项目无法推进，也给团队和客户带来了损失。三谷佳菜子看似只是"认真"罢了，但其实这是作为领导的灾难——搞不清状况，把自己的核心我当成世界真理，看不到其他人和对团队真正重要的事，觉得自己很无辜，其实还是"我要我要"的梦幻我思维。你在职场中遇到过这种忽视他人核心我的领导吗？

这种思维模式，也就是经常被诟病的所谓"好学生思维"。人的一些特质在学习的场景中，尤其在高考之前的场景中，是被无条件喝彩和接纳的。因为在那之前，绩效表现是个体就可以达成的。初中生不能和同桌组队去参加中考，也得独自面对高考。这时候的核心我，是自己说了算也是自己做得到的，几乎不需要考虑别人。过程中唯一需要交互的人可能就是父母和老师，但老师对爱学习的学生是爱护的，父母更是百般妥协。

但是，进入大学以及职场之后，个体就需要去配合和考虑他人，才能获得好的发展和绩效了。这就是职场里中庸我的重要之处，因为职场是一个多人耦合的环境，不是某一个人的舞台。所以在这个氛围里，坚守自我需要有中庸我思维和智慧，需要把更多人的核心我特质、诉求以及利益考虑进来，不然就很容易从"真我"出发，到自毁收场。

《甄嬛传》里还有一个这样的人物：果郡王。作为皇上倚重的弟弟，果郡王在甄嬛回宫之后依旧坚持深爱着她，一门心思践行着"我爱皇嫂"的核心我，在后宫家宴上也丝毫不避讳。他的这份爱美好吗？当然。爱没错，但是他没有充分考虑到这份爱里另一个人的核心我。要知道他心爱的皇嫂，心心念念的可是"幸好父亲已被接回京城医治""其实皇上未必不知道，当年我母家的事，大有莫须有的嫌疑""皇上能否考虑，重新查当年的事"——皇嫂的核心我是甄氏一族的平安和荣耀，是让父亲摆脱罪臣的身份，是保住自己的孩子。如果追求核心我而不考虑这期间重要的"他人"，这个核心就很容易是梦幻我的梦了。果郡王之后的一番操作，被皇上抓住了漏洞。而每封家书最后的那句"熹贵妃安"，更是坐实了皇上的怀疑，不仅为他自己惹来杀身之祸，更让心爱的皇嫂失去皇上的信任。侵害至爱之人的核心我，这还是爱吗？

回到当代职场，我曾经收到过这样一个职场新人朋友的提问。

老师好，我眼前有一个晋升的机会。按照能力来说，这个名额非我莫属，但我能感觉到我的领导其实更想提拔他的亲信，可他又是一个非常理智的人。最近他和组内成员谈话之后，大家都表示更信服我坐这个位置，所以昨天领导找我谈话的时候，他的话里话外都是想要"推举"我晋升。

尽管我很明确自己的职业发展道路，这个机会很难得，但我现在有点儿犹豫是不是要接。因为我觉得，我的领导更偏心他的亲信，尤其是这个亲信还能力一般，这让我觉得他这个人格局很小，不值得跟。和这样的领导共事，会让我感到不舒服。希望能听一听老师的建议。

如果我反问这位朋友一个问题"你很想晋升，对吧"，我想他的回答一定是"的确是，但……"。不断的"但"，是在亲手毁掉自己的幸福。这位朋友的核心我看似稳定又明确，但在与领导交互的过程中，他因为不想接受所谓的"领导的私心"，甚至想放弃交互了。领导有把自己的核心我和他的核心我放在一起考虑吗？显然是的，领导甚至跨过了自己心里的障碍，选择了贤能而非亲近，这是多么可贵的领导力。但这位朋友显然没有看懂。在他这里"论心不论迹"，这事儿不纯了，人脏了，不可交。

这点我是不认同的。在职场这种混沌的环境里，冗思是最没用的行为，对他人的判断，也是"论迹不论心"比较好。别人的心思是猜不得也猜不全的。既然上班是为了获得发展，那么我们大可以放弃在职场中得到情绪价值这种内分泌紊乱的消费品。而且，现实就是，职场的情绪价值也是标着价码的，比如，有些标榜"情怀"的企业，可能会给员工低于市场水平的报酬和待遇。如果让这背后的价值交换清晰化，还有多少人愿意"为爱发电"呢？

大家再想一步，梦幻我思维不仅给这位朋友虚构了领导这个假想敌，放弃了和他人核心我的交互，还让这位朋友高估了自己的处境。相比于这位偏袒亲信的领导，真正的危机来自身边的同事。"大家都表示更信服我坐这个位置"，这样的信息来源是哪里？是领导亲口说的吗？还是来自同事的表达？我斗胆猜测，在这位亲信之外，这个晋升的机会还有其他的竞争者，只是这位朋友将全部重心都放在了对领导的不满上，忽视了其他同事的核心我。

中庸我和梦幻我是二元选择题吗

> 尘世间有许多有形和无形的枷锁,总是令我们违背初衷。然而,仔细想想看,阻挡我们的不是任何人和任何事,只有我们自己。
> ——亨利·戴维·梭罗 《瓦尔登湖》

我们在职场心理学里谈到的很多变量,探讨的语境其实都不是"是"或者"否"。例如我们问一个人时,一般不会去问"你有某某维度的领导力吗",而是会问:"关于这个维度的领导力,从 1 到 5,你给自己打几分?"

中庸我和梦幻我也是一样。这本书为了方便讨论,会采用"中庸我思维者"和"梦幻我思维者"这样的表述,但事实上,在任何一个时间节点,我们的思维模式都可能同时存在中庸我和梦幻我的成分。一旦拉长时间的维度,在不同阶段,这两种思维模式之间也会互相转换,也就是我们说的,思维模式是可以发展和变化的。这也是它珍贵的地方。

这本书的初衷不是向大家介绍一个标签,然后我们拍着手、唱着歌去对号入座，而是希望我们能根据各自的现实情况提高中庸我的比例，降低梦幻我的比例，在现状中开出花来，过得更加随心、惬意。

电视剧《岁月》[1]的主人公梁致远，就经历了一个从沉浸在自己世界中的梦幻我逐渐转变到中庸我的过程。在剧中，梁致远作为一名刚刚从名牌大学医学院毕业的高才生，一到单位就被领导看好，被作为接班人培养。他学历高、心气高，想要干出一番事业。在这个时候，他的核心我是实现自己在医学上的理想和抱负。电视剧里没有交代更多，但我感觉他的理想和抱负并不具体，而是脑中一些电影画面里的光荣和梦想。

也因为这种不具体，梁致远才有了后面内心的撕扯。他在具体的职场生活里遭受的每一点磨难，都让他感觉自己背叛了那个理想核心我的幻象。

他的职场之路从一开始就困难重重。梁致远属于毕业生里历练少、想得少的，对社会和生活缺乏扎根土地的观察和理解，和他人核心我的交互经验不足，再加上复杂、混沌的职场环境，他在单位处处碰壁，干什么错什么，很快就被边缘化，被发配到了一个无人问津的养老科室。看到别人混得风生水起，巨大的落差感让他变得垂头丧气、意志消沉、自怨自艾，再也不复当初意气风发、自命不凡的模样。

---

[1] 改编自中国当代作家阎真创作的长篇小说《沧浪之水》。

这时候的梁致远属于梦幻我思维，他渴望一个心中"理想"的造像，但这在现实中并不存在，他也没有去想办法呵护核心我。哪怕是个造像，也可以呵护一下啊，但他没有。他乞求环境原地成全他，环境里那些讨厌的人最好被打倒，一秒塑造起自己的光辉形象。

就连跟他同为理想主义者的罗清水都感慨道："咱们是活在人织成的一张大网里，扯一下耳朵腮帮子就会跟着动，其实谁都脱不了干系。一个人，哪怕你是知识分子，也要懂得顺势而为。你不懂规矩、碰破了头就怨天尤人，能行吗？"其实罗清水是中庸我思维的践行者。只是梁致远没有意识到，觉得老罗是在向现实低头。

梁致远结婚生子以后，生活的现实步步紧逼：经济上的困难、拥挤的住房条件、妻子的工作迟迟调动不成、孩子上不了幼儿园等挑战都在教育着他。直到有一天他忍无可忍，为抢房子踹开了贴着封条的公房的门。犯错的梁致远被拉到了全局的批判大会上，他的自尊和骄傲被人踩在脚下。那一刻，他自以为傲的坚持松动了。

因为闻局长在会上的宽大处理，梁致远带着妻子去闻局长家送礼致谢。想起梁致远这几年的表现和刚闹的这个大笑话，一直很看好他的闻局长恨铁不成钢地对他说："你是个什么样的人，要自己定位、自己把握。如果你想清高，那就清高到底，无欲无求，倒也混出个境界来，别人也不敢把你小看。你要是想入世，那就放下架子来，入世。怕就怕，混成个四不像啊！清不清，浊不浊，丢了好人的优点，又学了坏人的缺点。"

回家的路上，妻子跟梁致远抱怨闻局长退回了他们的礼物，当场拂了他们的面子。梁致远说:"我好像有点儿明白里面的道道了,咱们谁都别怨了,要怨就怨咱们自己的分量太轻。"

这一刻的梁致远若有所悟,但他依然没有下定决心做出改变,直到现实给了他又一次沉重的打击。他儿子的脸突然被开水大面积烫伤,很可能落下终身的疤痕。梁致远又急又痛,但他发现自己没能力为孩子安排任何事,还要接受他打心眼里看不起的同事吴过居高临下施舍的善意。妻子痛斥梁致远没本事,没法让孩子得到周全的照顾,他自己也很自责,找到旧爱许小曼哭诉自己的无能。

他告诉自己不能再这样下去了,一定要换一种活法。

这时候的梁致远,变了。有一些剧评说,他变了,从理想主义变成了现实主义,俗了。我觉得他不是变了,而是核心我的野心具体化了。他当时想要的理想,具体到混沌的现实里,要去实现,就是现在的模样。所谓英雄事迹也是虚化了背景、聚焦于主角,才会有那些光鲜的印象。哪个时代的英雄,想要干成点儿事情,不需要在时代的混沌中冲出重围呢?

想通了这一点,他的中庸我思维崛起了,于是他开始观察和学习人情世故,也开始听进别人的劝,变得越来越人情练达。之后他抓住了一些机会,也迎来了职业生涯的重要转机。他发展得不错,成了闻局长的左膀右臂,整个自我也有了弹性,提升了不少过去看不起或看不懂的能力,一路平步青云,最终接替闻局长成为全市最年轻的正局级干部。

那他真的百分百认领了这个核心我吗?以电视剧里的后续发

展，按从 1 到 10 的标准打分的话，我感觉可能有 6 或者 7，这也是他在功成名就之后唏嘘感慨的原因。包括之后遇到旧爱许小曼的经历，与其说他是和小曼旧情复燃，不如说他是在怀念过去那个简单的自己。

他没有想通，自己在卫生局的入世修炼和取得的成绩，恰恰就是在践行当初的理想，是那个隐隐约约的理想的现实投射。他以为自己没有坚持当时的核心我，但关键是，这种"以为"是没办法证实的。因为过去的想象并不具体，所以他的"以为"在自己的思考体系里永远是对的，他在不断美化自己没有做出的选择。这也是他羡慕能够坚守清高的罗清水的原因。

带着这种"意难平"，多年之后，他造访了罗清水辞去公职后居住的乡村。老罗对他说："千万别浪费了手中的权力，尽可能为大家伙办点儿实事。在官场上混难免有错，水至清则无鱼，可是虽然这个水的清浊你决定不了，但是用这个水来洗头还是洗脚你自己还是可以决定的。"

在那一刻，梁致远似乎是悟出了什么。我更愿意相信，他和自己过去的核心我和解了，也认领了它。原来在这混沌入世的一遭后，他终究回到了当初的自我。

PART 2

核心我
中庸我的主体

> 　　公正地评价自己要比公正地评价他人困难得多。
> 　　——安托万·德·圣埃克苏佩里 《小王子》

认识核心我

> 我们的价值，无论是道德方面，还是智慧方面，都不是完全由外部得来，而是出自我们深藏着的自我本性。
>
> ——叔本华

一个人的核心我，是自我的起点和本质，是人生的"基本盘"。[1]

为了方便讨论，我把核心我分为两部分：如图 3 所示，一部分是我们在过往的人生中给自己打下的基石，我称之为"基底内核"；

核心我 {
  精神内核：
  核心价值观【人生观、工作观、金钱观】

  基底内核：
  客观条件 + 身体条件 + 人格特质
}

---

[1] 本书中讨论的所有价值观和弹性技能，都建立在合乎法律及环境价值规范的基础上。

图 3 核心我的两部分

另外一部分是我们要去托举的"精神内核"。

我们的基底内核不一定是我们喜欢或者想要的，但一般是别人夺不走，不容易失去，可以稳定在那里的，比如年龄、学历、GPA（平均学分绩点）、挂科记录、外语水平、考下来的硬核证书等客观条件，还有我们的身体条件以及人格特质。身体条件指身体素质、体态姿势、睡眠质量等。人格特质方面，心理学一般会把人比较稳定的个体特征，比如气质类型、性格、人格类型等划入这个范畴。在这本书里，我就用朴素的"人格特质"代替这个框框里包含的概念。

精神内核指我们矗立在这个世界上要坚持的理想、价值和信念。它包含我们重要的人生观、工作观、金钱观等，比如你是想过得轰轰烈烈还是甘于平平淡淡；你是渴望住大房子、开豪车，还是觉得钱不用多、够花就行；你是有高涨的职场野心，还是就想凑合着混口饭吃……这些通常是我们想要的、理想中的，但它们有点儿脆弱，时不时就会面临现实的考验，一不留神就被夺走了。走着走着，就容易散了。

所以，我们在核心我层面上面临着两个挑战：一是要认清和认领自己拥有的，不卑不亢对待这些"既成事实"；二是要筛选和捍卫自己秉承的、托举的。对第二个挑战，如果核心我不足，人会轻飘飘如同浮萍。但如果装太多的东西进去，内心又会很沉重，还容易出现互斥。

核心我与个人成长

人与动物真正的区别，在于他内在的、无形的力量和价值。

——泰戈尔

思维模式和对待核心我的态度，会在很大程度上影响我们的成长。在回答青年朋友提问的过程中，我发现，人们对自己以及拥有的东西，会有非常不同的想法，体现为两种不同的问题陈述模式。

一种是中庸我的模式，会用一些比较中性和客观的词语去认领核心我，然后向前走，比如："我就读于一所普通的 211 大学，学的专业是心理学。我想通过保研上岸 985，那么我需要从现在起做哪些准备？""我本科毕业就直接工作了，目前对自己的工作现状不是特别满意，读一个在职 MBA（工商管理硕士）提升下学历是否有助于我的职业发展？""我现在就读于双非普本师范大学，未来想当老师，读一个教育专业研究生对我未来就业是不是有帮助？"在这类的提问中，大家都比较客观地描述了自己的现状，包括学历背景、专业方向、具体问题等。

另外一种是梦幻我的模式，会用一些从众轻视自己或者以自我为中心的描述，比如："我就读于一所末流211大学，学的是某某专家说的一文不值、这辈子没办法拿高薪的人文社科专业，我该怎么办？""我们领导每天总让我干这干那，他是不是觉得我没有背景，在欺负我？""我大学挂过科，求职的时候会不会被问？我的职场生涯是不是就这么完蛋了？"或者："我刚刚工作，领导说我干活认真，安排了很多杂活给我，我觉得这就是在捧杀我。现在听到别人说我踏实，我就觉得很烦，我该怎么办？"

从上面的两种提问模式中，我们可以得出以下结论。

在中庸我思维模式下，提问者对自己的现状认知比较客观，提问也比较明确和具体。中庸我充分地接受和认领自己的核心我，这让他们能够清醒地看到当下环境中所有的机会和可能，在现状上开出花、镶上金。

而在梦幻我思维模式下，提问者对现状的认知则覆盖了一层又一层的情绪滤镜，提问也带着愤愤不平的情绪。妄自菲薄的梦幻我很容易轻视自己，觉得自己每天的日子都在被过往的核心我拖累，恨不得分分钟扔掉核心我。人的时间和精力有限，如果把大部分消耗在自怜自伤和怨天尤人上，成长的空间自然也就小了。

以自我为中心的梦幻我核心我就像是一团大棉花，飘飘忽忽的；像是被抽走了精神，认为得不到是因为你们不好，你们辜负了我的核心我，你们配不上它；时而亢进，时而悲凉，心中的昙花时不时闪现，计划和行动却永远跟不上。这种梦幻我的核心我持续久了，很容易辜负自己的本真烂漫、一腔热忱。

再举个例子，"没有加班的日子"这个生活方式是你的核心我的一部分吗？

如果你的回答是肯定的，那么，中庸我的做法就是从择业开始，穷尽信息给自己找一个不需要加班的行业和不需要加班的岗位。之后，比如刚入职时是不加班的，但好景不长，由于领导的工作安排，加班成为一种常态，这严重侵蚀了核心我。这时候，你的中庸我思维模式会重新审视你的核心我。如果依然坚持，就去和领导谈谈自己的想法；如果不行，可能就要考虑另谋出路。这时候，一定会有七大姑八大姨跳出来说："这有什么，加班就加班呗，现在工作多难找啊。"但是，中庸我也会坚持。因为这是属于我自己的人生，我去捍卫我的核心我，没什么大不了的。这时候又有人会说："这世道，不加班的工作收入很低！"那也没关系，因为中庸我思维会认为，这是我为了捍卫核心我所应当承担的成本，所以我不会抱怨。

在日剧《我要准时下班》中，吉高由里子扮演的女主角东山结衣就是一个非常典型的中庸我思维者。由于之前的工作经历，她始终秉持着"不加班"的观念，即使在求职中这样的观念让她屡屡碰壁，她也丝毫不动摇，直到面试到第100家公司，她的坚持和观念终于获得了领导的赏识。入职之后，她也没因为同事的议论，就为职场中的"加班文化"而改变。她坚持追求效率，交付满意的成果，也在同事和领导中获得了好口碑。

而梦幻我思维者，首先核心我不清楚，不知道自己的核心我里有没有"不能加班"这一条，也没有想过自己核心我里真正想要的东西是不是和加班相关，就单纯觉得"没有加班的日子"是好的，所以"我要"。与此同时，我要的还有赚好多钱、离家近、同事热情。

我们但凡上过班，就知道对普通人来说，这些"我要"的好东西可能本来就是互斥的。于是，从择业那一天起，因为不知道自己的核心我是什么，梦幻我思维会选一个什么都有，什么都不多或者也不知道有多少的工作。之后如果遇到上面的情况，忽然多了一个加班的选项，梦幻我的朋友就会马上跳脚。领导是不是在欺负我？我一定要听他的吗？之后，要么假装卑微顺从，好，我忍了，等我去网上骂你，等我有机会马上辞职，等我……那我们也知道，越是这样，越容易心态扭曲，怨气挂在脸上，发展的路也会更坎坷；或者"鱼死网破"，我不干了！这个破班，什么玩意儿！之后呢？带着这个全能自恋、宇宙中心的姿态再去求职，不是很难找到什么"适配"的工作，就是上班没几天又发现"被骗了"。

而另一种梦幻我，对核心我是放弃的——我不知道自己要什么，所以我就什么也不要了，你们看着办吧。我的研究团队曾经在大学生群体里做过一个大型调查，80%的个体说不出自己的理想工作。但即使在这些人群里，也有76%的个体表示，想要一个可以实现个人价值、有意义的工作。这就说明，其实核心我的诉求依然在，只是在通过体验和行为确认自己核心我的野心和诉求这一步上，大部分人出现了怠惰心理。

是果皮还是果核

> 知道自己其实是一个大智慧,因为在生命里我们会作假,我们甚至会塑造出一个假的自我出来,甚至越来越觉得这个假的自我是真的自我。
>
> ——蒋勋

我们在看核心我的时候,一个重要的部分在于认清自己认领的是果皮还是真正的内核。

曾经在 MBA 课堂上,有个同学讲了她的一个故事。她是个小城姑娘,家境中等,家里一路培养她到 211 大学会计专业毕业。全家对她唯一的期许就是"找个稳定工作"和"嫁个好人家"。这算是很强大的核心我了吧?为了实现这个目标,她家举全家族之力,努力把她送到了一家有事业编制的设计院的会计岗。彼时她 23 岁,顺心如意。之后的几年里,每当她想努力一把,折腾一下,在职场上向上攀爬一步,家里的声音就来了:"一个女孩,稳定就好。"几年后,这家事业单位改制转企,几家设计院合并缩编。多余的基层人员要出国工作跟工程,不然就接受分流,变相被裁员。那时她已经29岁,和男朋友正准备结婚,遭到这当头一棒,不知该如何是好。

她的内核究竟是什么?这算是捍卫核心我的极致例子吗?

她其实很好地传承了家庭给予她的"求稳"的价值内核,同时很敏锐地意识到,只有提升自我才能稳。但显然,她家里人没有接收到这一点,而是觉得她的核心我应该是这份稳定工作。这个女孩求发展的目的是维护核心我,但家里却觉得她在撼动核心我。这也是他们之间矛盾的本质。

最终,女孩维护核心我的想法没能付诸行动,而是被拦下来了。虽然看起来是被家人拦下的,但其实还是因为她没有充分认领自己的核心我。这位职场朋友,在这个部分梦幻了。

认知了果核,认领了果皮。

这是我们大部分人在面对核心我的时候,可能会走的弯路。

在心理学科普书《少有人走的路》(*The Road Less Traveled*)中,作者斯科特·派克(Scott Peck)指出,不自律、不自我要求,就会失去自由,成为附庸。

能认知和认领果核,是成熟的重要注脚。

工作观：
中庸我的职场"野心"

无可救药的故事 都承载着一颗深不可测的雄心
道不清 说不明
不卑不亢地在卷轴里游荡
抑或是 潇洒无谓地横行

—— 橙花 《周星驰》

什么是职场"野心"？

厘清自己的职场诉求和"野心"，是职场生活中核心我重要的一部分。

之所以给"野心"打上引号，是因为我们在这本书里讨论的"野心"有别于词典释义里那种带着贬义的妄念。我所理解的"野心"，带有志在必得的决心、脚踏实地的草根情怀和春风吹又生的生命力。它是老百姓版本的梦想。之所以没有用"梦想"这个词，是因为在现在的环境里，我感觉青年朋友们对它的情绪过于复杂，害怕大家未读先惧，错过了看见自己内心的机缘。

有"野心"的朋友心中就像有一团火，他们发自内心地想要做事情，觉得人的生命就是要绽放，不然没意思。说到这里，就要再次提起我喜欢的美剧《实习医生格蕾》了。我至今仍能回想起，剧中那些刚刚踏入职场的"菜鸟"医生，为自己争取每一个微小的机会时高高举起的手和下班后接到医院发来的紧急呼叫时疲惫而带着兴奋感的面庞。那简直就是对"野心"这个词最生动的诠释。就像剧中的一段旁白所说："作为实习医生，我们清楚自己的目标是成为外科医生，并会为此尽一切努力。挣扎着通过磨人的考试，忍受每周100小时的工作，在手术室连续站上几个小时，凡是你能想到的，我们都会做……"正是"要成为优秀外科医生"这个野心，支撑着这些年轻人在医院这个高压的职场环境中跨越一个又一个难关，披荆斩棘，坚定前行。

而在这些"卷王"医生中"野心"最外显的，又莫过于克里斯蒂娜·杨，一个拥有蓬勃的斗志和生命力的女孩子。杨因小时候目睹父亲车祸而决心从医，她曾被诊断为患有读写障碍，但仍以优异的成绩从斯坦福医学院毕业，想必学习阶段也历经了不少艰辛吧。在职场中，她野心勃勃、心无旁骛、追求极致，愿意为了目标付出数倍于他人的努力。实习第一天结束后，伙伴们都累得精疲力竭，她却难掩兴奋地说："手术很性感，就像陆战队一样，有男子气概，很难征服。"即使在游戏中，她也不能接受自己成为失败者："你想做第二好的外科医生吗？不，你想做到最好。因为第二名就是平庸。"她称自己"是为了手术室而生的"。

她充分地认领了自己的野心,也不怕别人看到,光明正大地凭实力争取一切属于自己的机会。剧中的老医生托马斯这样评价她:"你会是这代外科医生里的榜样,我一见到你就看出来了。那些平庸的外科医生将仰望你。不要退缩,那就便宜了他们。杨,你有朝一日必成大器。"不少剧评表示,自己一开始不喜欢这个争强好胜、不够有人情味的角色,但越看对她越有好感,被她的工作态度和能力,还有那种生机勃勃的斗志吸引了。我在读博士的时候,非常喜欢用这部剧当休息时候的背景音,因为我觉得自己挺惨的,但依然向前走着,而角色们和我一样,甚至看上去更惨。我在这部剧里找到了终极的安慰,时不时对着他们哭一下。有时候,我甚至会产生些幻觉,觉得他们是我的同学和战友。

有的朋友可能会说,我想升职加薪,买大房子,开好车,走上人生巅峰……我这算有野心吗?前面说的物质上的想象,有可能是野心,但也更有可能是欲望。野心是核心我的一部分,但欲望不是。野心和欲望的差别就在于,我们为了这个"想要"到底付出了什么,承受了什么,放弃了什么,牺牲了什么,离开了谁。是不是顿时就悲壮起来了?

说起来很扎心,很多人想的是要走上人生巅峰,却什么也承受不了,满嘴都是"你凭什么要求我,你是不是在 PUA 我?""多少钱都买不来我的时间,我的生活我做主""你们都去卷吧,爷吃宵夜去了""我这样,同事会不会觉得我是卷王,不喜欢我,孤立我"……

这些想法没什么不对,但我们要明白,普通人家的孩子,选择了轻松闲适,就等于甘于成为他人附庸,这同样是一种苦。如果这样,我们对"人生巅峰"的渴望其实不是野心,只是单纯的欲望而已。

那么,是不是能吃工作的苦,就代表认领和践行了职场"野心"呢?

我看过一个街头采访,凌晨1点的北京某互联网大厂门口,打工人下班了,年轻的面庞上充满了疲惫。记者问了一些问题,我听着大家的答案,难过又心疼。

"问倒我了。我好像没有什么目标。没有理想,也没有喜欢的事。"

"我还在探索什么事情做起来能让我有一种奔放热情的投入感,目前还没有。"

"没有自己的时间,回家很累,看看手机就睡觉了。"

"就是想待着,什么也不想干了,干脆找个人养着我好了,我为什么要受这个苦?"

我看完的感受是,这样的生活谁没有脾气?但脾气和谁发?领导?不敢。爸妈?不舍得。伴侣?没时间找。朋友?他们也很累。于是发给工作吧。但工作还是自己给自己找的。自己也知道没有出口,胸中郁结。

这是某知名高薪大厂的门口,这些年轻人在薪酬方面可能已经是这个城市的佼佼者,他们大部分人也是名校毕业的天之骄子,那他们为什么还这么不快乐？

以我的观察，很多名校毕业生的择业，都是以性价比为先的。在自己能找到的工作中，哪个薪水最高或者最受大家认同，就选哪个。在这个过程中，"我"被放得很小，大家没有想清楚自己真正想要并愿意为之努力与牺牲的是什么。结果上了几年班之后，很多人突然发现，自己为之努力与拼搏的，有可能不是自己核心我中的"野心"，却又被一份高薪的工作卡在那里，进退两难。然后，就像我们在上文的采访中看到的一样，他们开始变得疲惫、茫然，抱怨工作与生活。这也是为什么看似天之骄子的人，会那么不快乐。

这就是梦幻我的时间差。厘清核心我野心的功课是跨不过去的。在择业的时候拖延没做的事，在就业以后还是会找上门来，以更大的冲击力反噬我们。当然，也有一部分幸运儿，当初稀里糊涂认领的，后来发现就是自己核心我想要的，这就属于自动的"中庸我"了。

那如果在做选择的时候就践行中庸我思维，施展野心，就会一帆风顺吗？其实也不是。

2023年有一部纪录片《珍·古道尔的传奇一生》，为我们完整地展现了这位20世纪"世界上最杰出的野生动物学家"观察和研究野生动物的各种经历。

古道尔幼年时就很喜欢自然和动物，8岁时萌发了到非洲和动物一起生活的想法，23岁时来到东非的肯尼亚，成为古人类学家路易斯·李奇（Louis Leakey）博士的助理秘书，并在3年后接受李奇博士的指派，完成了自己的夙愿——从事动物研究，在非洲与动

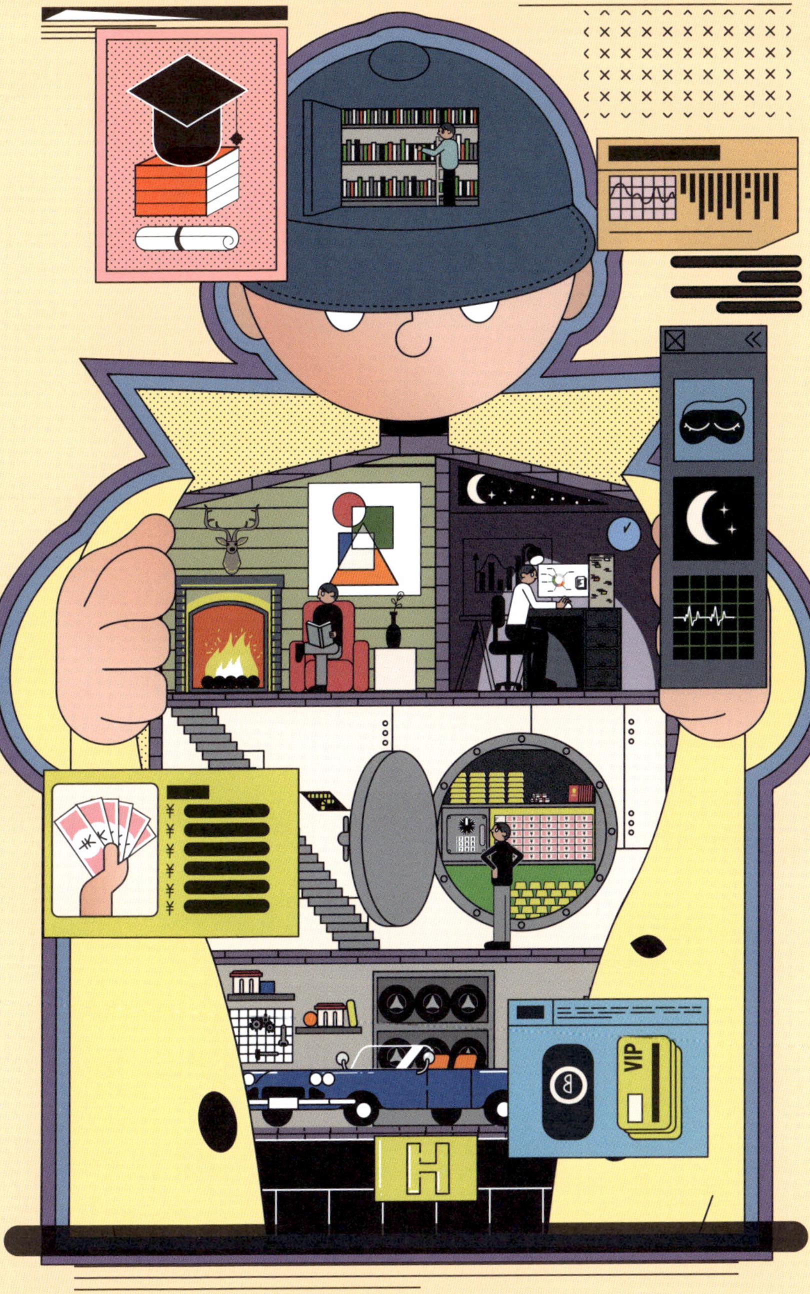
VIP
H

核心我

一部分是过往人生中打下的"基底内核",
另一部分是我们要去托举的"精神内核"。

物一起生活，在坦桑尼亚的丛林中观察黑猩猩出没的情况。很幸运吧？既有梦想，梦还成真了，工作就是圆梦！

但即使如此，坚守核心我，对一个没有接受过系统的科学训练、成长于都市的年轻女子来说，也是困难重重。非洲丛林严酷的环境是古道尔面临的一个挑战。没有水，没有电，甚至连基本的医疗设施都没有。她身边一直围绕着不看好的声音、嘲讽的声音、质疑的声音，这些质疑者打赌古道尔坚持不下来。但现实却是，古道尔在非洲的丛林里待了整整 38 年。

其间，她也面对着很多挑战，尤其是在考察的初期，由于黑猩猩的戒备，她无法靠近观察，考察工作也就没有任何进展。当黑猩猩对人类感到恐惧的时候，它们就会变得异常凶猛。这些黑猩猩把古道尔视作一个捕食者，用树枝打她的头，对她进行攻击。这对古道尔来说不仅是挑战，也是冲击，但她还是选择继续坚持往前。为了减轻黑猩猩的恐惧，取得它们的信任，她努力让自己融入黑猩猩的生活中，爬树、露宿、模仿它们啼叫，就这样坚持了 15 个月后，黑猩猩们终于把古道尔当成自己社群中的一员，她也得以更近距离地观察它们。

在这个过程中，她观察到的动物行为也很颠覆她过往的认知。之前她觉得动物是很善良、美好的，但后来却发现黑猩猩并不是温驯的食草动物。它们之间会发生战争，甚至有袭击和残杀同类的行为。

想要成事，是需要接受这些冲击的。所谓的有野心，意味着你要接受这个野心你可能不认识，坚持下去失败概率不低，需要承受大多数人的嘲笑、不理解和疏远，摔倒了要爬起来，咬碎了牙要往肚子里吞的种种现实。古时候的野心是"金戈铁马去，马革裹尸还"，现代职场的野心没这么多躯体方面的凶险，但依然残酷，对精神和肉体的折磨一点儿也不少。

也有一部分朋友，经过这一番折腾后，会发现自己当时想要的，现在已经不想要了。不是吃不了苦意义上的不想要，是发现真的不适合自己以及自己没那么喜欢。这个反复质疑和论证的过程也是痛苦的，但同样是跨不过去的。在经历了这一遭后，再次面对野心时，我们自己也会害怕；再次寻找坚定的野心时，我们也会自我怀疑。

所以，真正有野心的人，不多。

难的是一直保持野心

从上面的例子中我们可以看出，古道尔的可贵之处在于对野心的持之以恒。比"有野心"更难得的是能做到"一直有野心"。我们的调查显示，有 40% 的职场人认为自己已经不再坚持初入职场时的野心和愿景了。

管理心理学里，关于动机，有一个理论叫"希望理论"（Hope theory），讲的是一个人想保有持久的动机，需要两个路径或力量。一个是我们经常提及的意愿的力量（will power），就是"我想要"；另一个是我们常常忽略的，是持续不断地想办法做下去，即一种想办法做事的力量（way power）。认领了一个目标，就一直做下去。在这个过程中，动态调整自己的方案，想尽一切办法去做、去尝试、去沟通、去追求。我们也会发现新的问题、新的困难，继续克服它们，我们的意愿在不断被滋养。

我们普通人想要保持野心、保持动力，需要的也是持续用脑子做事情，不断向前走。在路途中，可能有相当长的一段时间，我们是孤独的、没人理的、不断被否定的，更不用说被认可了。这时候就需要我们耐得住性子，忍得住寂寞，放弃短期的享乐，聚焦长线的筹谋。

我们继续看个极端职场的例子。

几乎每个皇子都会想成为太子，为争夺皇位做准备。对太子之位来说，生母的地位、皇上的重视程度、个人的品行等因素是缺一不可的。《甄嬛传》的最后，登上皇位的是自幼被丢在圆明园的四阿哥弘历，而不是在宫中长大、被悉心教导的三阿哥弘时。根据剧中的介绍，四阿哥的生母是热河行宫的一名粗使宫女。皇上嫌弃四阿哥生母的出身，于是直接把弘历放在圆明园里不闻不问，任由他自生自灭。可以说，四阿哥从小就是无缘帝位的，但他志存高远，对他来说，对皇位的野心是他自己给自己种下的。

在皇上和众嫔妃来圆明园避暑的时候，他抓住机会想要拜见皇后，毕竟能求得皇后抚养自己是最好的选择，但皇后觉得"皇上最不喜欢的就是四阿哥，本宫抚养他又有何用，算了吧"，闭门不见。在皇后这里吃了闭门羹之后，四阿哥也没有放弃。他想，难得皇阿玛会来,如果能见上皇阿玛一面,毕竟"见面三分情",讨得父亲欢心也是好的,于是便在勤政殿外跪了半日,但也未能如愿。这时候甄嬛的出现,让四阿哥觉得自己有了机会。更不用说,见到四阿哥跪了那么久,甄嬛也动了恻隐之心,"好可怜的孩子,阿哥怕中了暑气,等一下烦请公公为阿哥送一碗莲子百合解暑"。这让四阿哥觉得,能让皇上的宠妃做自己的依靠也是好的,于是他几次三番与甄嬛套近乎,留下了一个好印象。

你可能觉得,这很简单,不就是溜须拍马吗?其实,这是坚守核心我的一次豪赌。即使甄嬛后来离宫,弘历也没有放弃。在胧月公主满周岁、宫里举行庆典的时候,四阿哥得以入宫。他在碎玉轩门口遇到了路过的皇上,便上前行礼,对皇上表示"从前,莞娘娘对儿臣很好,她……儿臣知道莞娘娘惹皇阿玛生气,皇阿玛恕罪""莞娘娘教儿臣读书,知道儿臣思念皇阿玛,也怕吵着皇阿玛,让儿臣远远地看一眼皇阿玛"。说他有意为之也好,无心插柳也罢,这次之后不久,四阿哥终于得以入宫,进尚书房上学,离自己的目标更近了一步。

这些经历都是碎活儿,难得的是小小年纪的耐心。在一无所有的时候,有一份不焦惰的耐心,这种能力会在你认领核心我之后成为一件威力很大的武器。

自己的野心,自己呵护;自己的野心,跟自己约定。这样有行动向、有时间维度的野心,就是中庸我的一部分。

我有一个发现,人抬着头一直向前走,一直努力做事情,一直和人正向交互，在这个过程中，会产生一种奇妙的量变和质变。努力、认真的人，很容易遇到贵人。这个逻辑很简单，甚至不涉及玄学。能成为别人贵人的人，几乎都是受过苦、很努力的人。同频相吸，所以，他们看到别人身上有自己年轻时候的影子时，产生惺惺相惜、不为了什么就想帮扶一把的心情，是很自然的。这个道理《论语》里也讲过，"君子易事而难说（悦）也"。意思是君子看人先看人做的事，和他们合作更容易，但想要打动他们、让他们喜欢，是不容易的。所以从事入手去结交人，其实也是先贤教给我们的智慧。除了遇到机会和贵人，一直努力去与事情碰撞，也很容易提升一个人的弹性能力。

所以努力呵护野心，并不是一个口号，而是有实际职场意义的。

野心和松弛感可以兼得吗

有野心、过于执着甚至偏执会不会让人活得特别累？这个问题曾经深深地困扰过我。近几年我终于想通了，在这里和大家分享。人的野心可以分为两种：一种野心在于用别人做参照物——我要做得比 A 好，过得比 B 强，赚得比 C 多；另一种野心在于达成某些愿望——我想要在这个行业做到头部企业的高层，我想要到 2028 年时攒够 500 万，我想要在 40 岁之前评上教授。

一般来讲，以比较为核心的野心，很容易扭曲自我，让人带着冲劲儿和狠劲儿陷入一种恶性攻击的氛围——要争气，要攀比，要深藏得失心与嫉妒，快乐也就无从谈起；而以愿望为核心的野心，是去延伸、去外扩，是抬头看路，所以氛围是生动活泼的。

最近几年，"松弛感"这个词算是按中了都市白领肩胛缝的酸爽点——这种感觉太对了，就是我要的："我好想拥有松弛感，我好想拥有松弛力！"而野心似乎成了松弛的反面，好像你只要不甘平庸，就很难松弛。这里的关键是什么呢？

尼采曾经提出一个"主人—奴隶道德说"，最先出现在《善恶的彼岸》（Jenseit von Gut und Böse）这本书中。主人道德的主要特征是自我定义、自我接纳、为自己鼓掌和自豪、积极主动去争取。奴隶道德的主要特征则是交给他人去定义自我、卑微、被动、怜悯。大家也可以看出，所谓的主人和奴隶的区别，与金钱、地位都没什么关系，差在思维模式上。

回到核心我里的野心话题，为什么同样是秉持野心，有的人就能光耀自我、温润自洽，而有的人却会耗竭自己，仿佛做成点儿事情就要"蜡炬成灰泪始干"，不疯魔不成功？主人道德还是奴隶道德，在这里起着很大的作用。

我们要认领核心我中的野心，把通过欲望和比较领来的目标抛弃，做野心的主人，把野心牢牢地框在"我"的氛围内。

它是核心我的一部分，它不会厌弃我的自我。我们彼此滋养。我的野心会给我无条件的爱。松弛感也就随之而来了。

最后，松弛感是自己给自己的，千万不要让别人为你的松弛感买单。苏格兰小说家及剧作家詹姆斯·马修·巴利（James Matthew

Barrie）创作的长篇小说《彼得·潘》（*Peter Pan*），讲了一个勇敢无畏、喜欢探险，但没有目标感和责任感、永远长不大的小男孩彼得·潘的故事。彼得·潘看起来就很松弛，和他做朋友应该很开心，但放在职场情境里想象一下，如果他是我们的下属或者同事，情况就没那么美好了。他惹祸，他冒险，对我们来说却是锅从天上来。他松弛了，我们"悲催"了。最后我们背了他的锅，他可能还会觉得，你们怎么这么没意思，这有什么？

金钱观：
敏感却不能逃避的核心我

物物而不物于物。

——《庄子·山木》

金钱观在核心我中很重要，因为几乎每个人工作的部分原因都是为了谋生，所以钱和利益是非常重要的核心我维度。我们的调查数据显示，89.5%的职场人会用"实现财富自由"来定义事业有成。

在择业的时候，我们的金钱观体现在对"钱什么时候来"这个问题的看法上。

有的工作，一毕业就能来钱，一入行起薪就不错。这部分工作一般青睐年轻人，就是我们俗称"吃青春饭"的工作。"吃青春饭"的工作通常前几年能让人积累一些经验，之后就不具备累积性了，个人价值也不会随着年资的增长而提高。而有的工作，薪资增长较缓，从职业的起点到终点，大部分人差别不大，都比较平稳。还有一种工作，需要等待和积累很久才能出现质的变化，也就是"越老越吃香"的工作。当然,这种工作也不保证每个人熬到老都能吃香,只是有这个可能性而已。一个人无论在这个领域干了1年、3年、8年还是18年,只要一直进行有效耕耘,都会有所成长,而且会在后来的某一年达到一种质的飞跃。这种工作的缺点是起步阶段薪水较低,压力很大,同时也存在"老了也未必吃香"的风险。

我们的调查数据显示,在接受测试的职场人中,按照职业规划,45.6%的被试认为自己应该在25~35岁获得满意的薪酬,46.6%的被试倾向在35~45岁获得满意的薪酬,6.2%的被试规划在45岁以上获得满意的薪酬,只有1.6%的被试选择在18~25岁获得满意的薪酬(见图4)。这可能体现了"吃青春饭"性质的工作并不受职场人青睐,更多的职场人期望自己的个人价值随年资增长而提高,但也不希望回报延迟太久。

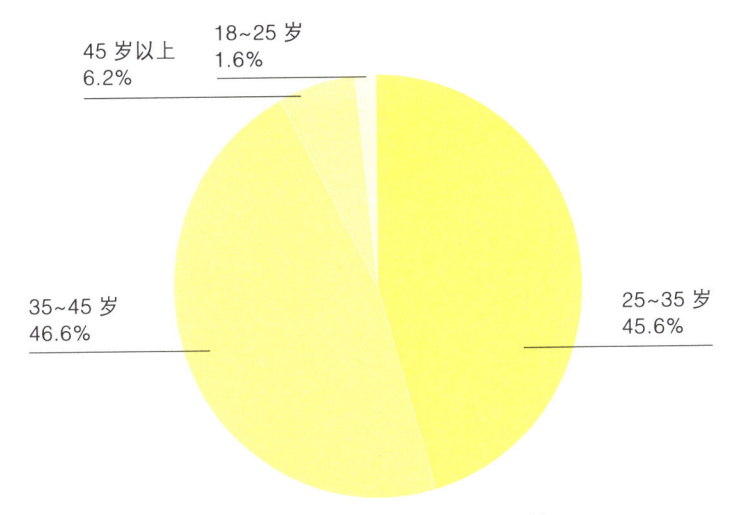

图4 职场人期望获得满意薪酬的年龄

而对于这个问题，除了我们自己的想法，周围人，比如我们的原生家庭的看法也很重要。有的家庭是金钱-幸福导向高的，只要孩子收入高，家里就开心。而有的家庭是社会地位-幸福导向高的，他们不看或者不只看入职薪水，而是倾向于支持孩子选择传统意义上社会地位高、社会交换筹码重、职业声望高的行业和岗位。

为什么周围人的看法很重要呢？因为很多时候我们努力工作，就是为了寻求一种"不被质疑""存在即胜利"的感觉。而家人和朋友的认可无疑能在这方面为我们提供有力的支撑。

举个我自己的例子。我常常感到我的职业是全家人的骄傲，不管别人说什么，他们都觉得我特别成功，为我感到自豪。还记得第一个月拿到3000多元工资的时候，我告诉我妈我领到工资了，她说："特别好！"要知道，那可是2012年的北京，也不知道她是怎么想的，反正就是好，不接受反驳，现在想起来我都觉得很好笑。不过这种"你选的就是对的"的笃定感，确实对人的生命和心理健康是一种莫大的滋养，也是对核心我的一种加固。

我曾经看过广东科协发起的一项地域调查。调查显示，职业社会声望排前三位的职业是教师、科学家和医生。而广东家长们最希望自己的孩子从事的职业前三位是企业家、政府官员和医生。这就很有意思了，教师这个社会声望高的职业似乎并没那么受广东家长的青睐。不知道广东大学老师在"青椒"（青年教师的花名）阶段的压力会不会比我更大？

我把这个核心我中的元素提出来供大家思考，并不是说我们都要为别人活着,或者都要听家里的意见,而是希望大家明白,我们的选择,都标好了价码。我们参考周围人的意见以后做的决定,同样是我们自己的决定。我们践行的是纳入重要他人意见后的核心我,所以做了决定之后,不要抱怨别人;反过来,如果决定不参考周围人的金钱观去做选择,也要准备好承受这样做的后果。

我们的金钱观念里还有一个谁都绕不过去的问题:我们和金钱的关系。我比较认同《论语》里孔子和他的高富帅学生子贡的观点。子贡问老师,一个人和金钱相处的过程中,如果"贫而无谄,富而无骄",是不是不错呀?意思是一个人没钱也不谄媚别人,(像他这样)有钱也不骄纵,这是不是已经属于不错的金钱观了?这是我们大部分人从小受到的教育。能做到这种不把别人当回事、不把别人的贫富当回事的程度,其实已经不容易了。

但孔子的回答,显然更高了一个层次。他说,还可以,但不如"贫而乐道,富而好礼"好。什么意思呢?孔子觉得,不谄媚有点儿硬憋着的意思,有一种虚无的风骨:我就看不上你,你有钱你有理吗?然后特别把自己当回事儿:我穷我就有风骨,你能把我怎么着吧。而"贫而乐道"是一种安在的态度:我现在没钱,没把你当回事儿,但也没把自己当回事儿。我自洽了,享受目前的这种状态。"富而好礼"也是同样的态度:我有钱了,但我也没把自己当回事儿,我还想悟道学礼。

真诚善良：
中庸我的价值底线

> 善良的人在追求中纵然迷惘，却终将意识到有一条正途。
>
> ——歌德

对我来说，人生观里的核心就是真诚和善良。它们能让人充满活力。

亚里士多德（Aristotle）在《尼各马可伦理学》（*The Nicomachean Ethics*）里探讨了美德与恶行，并鼓励我们人类通过分辨善恶去拥抱善良，获取智慧。现代哲学曾一度秉持着善恶的相对论，但也并没有因为不同族群在不同时期对善和恶的各说各话而迷惑，相反，哲学家们似乎都把自我放在了一切考量的前方，认为自我在道德层面上至关重要。正如尼采在《曙光》（*Morgenröte*）中所说，人不能对自身含糊其词，口是心非，而要了解自己的秉性和坚守，要对自己坦诚以待。也正如《重塑大脑，重塑人生》（*The Brain That Changes Itself*）的作者诺曼·道伊奇（Norman Doidge）所说："最重要的法则是，你必须为自己的人生负责，就是这么简单。"

我在一次演讲的时候，有位朋友提了一个问题："老师，对于职场发展，什么能力是最重要的？"我的回答让在场的所有人都笑了，我说："对我这个普通人来说，是真诚和善良。"（见图5）"真诚和善良是种能力？"场下的朋友紧接着问。我说："当然了，你觉得真诚和善良不是能力吗？我们每个人都有一万个理由去作恶，而我保持了善良，保持了真诚，忍住了私心杂念，这难道不是一种能力吗？"

当时，现在这本书中的理论还没有成形。我只是觉得，这些是我的坚守，而守住它们挺难的，所以我说这是种能力。如今看来，这种"能力"，其实是在捍卫核心我。这两个价值是我的人生观里非常重要的内核。

后来我在职场问卷调查中加入了这个题目，结果显示有高达76.25%的被试认同在职场中应该保持真诚善良。但被试中也有35.9%的人认为在职场中好人会被欺负。

让我们回到职场的现实中看问题。

小王和小张一起去完成了一件领导交代的事情，中间也遇到了一些波折，最后两个人齐心协力，把事情办得很漂亮。他俩回来后，受到了领导表扬。第二天，领导交代了一件美差给小张，但是又给了小王一个难做的任务。

小王心里难过极了，他觉得领导太坏了，就是偏心小张。这时候他又想起来，小张是985学校毕业的，他是双非高校毕业的，而

图 5　真诚善良是一种能力

领导是个"学历控",所以领导肯定就是打心眼儿里瞧不起自己。还有,领导和小张都是北方人,小王是南方人,这肯定就是亲切感作祟,别说上次吃饭的时候,小张还跟领导说,我们北方人就是都喜欢吃馒头!

小王想着想着,越来越难受,觉得这职场没办法混了。去你的真诚善良,我就是人善被人欺。小王打算辞职不干了,或者摸摸鱼混一下得了。这就是小王对捍卫自己真诚和善良的理解。

我的理解是什么呢?在职场上,真诚是要有事说事,有疑问就问,不过度在自己脑海里补充情节,而要让当事人补充情节,要给对方这个机会。如果我是小王,我可能一开始就无所谓。首先,我不觉得给我一件难事是刁难我。其次,如果我心里过不去,我会去找领导。这就是我对他的真诚。

"李总,我想和您聊一下,占用一点儿您的时间。"

接下来,我会说:"……(详述这件事情的前因)回来以后您表扬了我们。您可能不知道,我的心里高兴极了,特别有成就感,做成了事情,领导还认可了我们的努力。但是第二天,您给了我一件特别大的难事,同事们都议论,说是在惩罚我。我心里也毛毛的,不知道该怎么想。我不想把事情放在心里,我也知道自己心重没出息,所以就来找您了。"

这时候,李总大概率会说,是为了锻炼你,所以才把难的事情给你。

你可能会想,李总就是胡说八道,领导就会和稀泥。

如果是我，我问了就舒服了，反正我从当事人嘴里听到了，他不是针对我。我问到了回答，我就相信。

我左右不了人性，只能更努力地做好自己。这是我的善良。之后我就能心无旁骛地去做事情，这就是我自己做好事情的秘方。

至于职场中善良的人会不会被欺负，我的答案是：会。但我们要明白，职场是一个丛林法则的世界，很多时候我们都要服从于食物链上游的人，这与是不是善良其实没有必然联系。而在这个由人构成的丛林中，只要我们遇到的领导不是坏人，我们的真诚善良，就有可能激发出对方的真诚善良，成为保护自己的武器或者向上攀爬的助力。

而年轻朋友想在职场中谋求发展，也要打破领导都是恶人，都会欺负和压榨员工的印象。

我在访谈中听过这样一个领导的经历，觉得人真的很有意思，和大家分享一下。领导老王很珍惜人才，觉得自己的手下小张一直表现不错。小张因为跟爱人两地分居，就希望调到同系统的另外一个单位去，解决异地的问题。小张爱人所在地是一线城市，等于小张要从二线城市往一线城市调，难度不小。老王一直很欣赏小张，小张进这个单位起就跟着他做事情，于是他开始给小张筹谋运作，使了很大的力气，卖了私人的人情，把小张的事情办成了。按对方的说法，"就他这个简历，要不是看着你的面子，我们都不会正眼看的"。老王不忍心这么转述给小张，就跟他说，你很优秀，对方也正好缺这个岗位的人。之后，大家也就在两个城市各自安好了。

某一天，老王从自己的熟人那里听到了小张的说法，"老王一直压我一头，有什么了不起？我刚到单位，他没事就讲大道理教我做人，好在现在的领导赏识我，不然我可是憋屈死了"。老王心碎。

如果你是老王，你会怎么做？在权力的阶梯上攀爬，很多时候作为上位者，要想善良地做人，也要承担委屈，吃闷亏。你可以采访一下周围你觉得善良的领导，他们肯定有一箩筐的故事讲给你听。

在复杂的职场世界摸爬滚打多年还不油腻的人，内心或多或少都保留着这份真诚和善良。一个人不管因为社会、职场的磨砺，外在表现得多么的圆融练达，多会"做人"，只要内心的那团火和正气依然在，你的世界就会更好。但现实却是，大部分人在一个又一个选择中，没有坚定地选择真诚和善良，之后就会慢慢活成自己年轻时讨厌的样子，也会越活越累。

我始终觉得，在职场上向上攀爬的过程中，一些钩心斗角、小心思都在所难免，但一个人需要守住最基本的原则。如果把自己核心我的原则、底线都忘了，那即使收获了再大的成功，这个人生又是谁的人生呢？

你可能还会问，如果真碰到恶人呢？如果是我的话，我对他的善良就是不去跟他纠缠。恶人自有恶人磨，惩恶不在我的核心我的范畴里，至于那些怒喊懦弱的声音，我可能也就忽略了。是有点儿懦弱，我也承认。

除了遇到恶人的问题，还有一类会挑战善良底线的难题，就是遇到"和自己不同的人"。这时候是不是能够管住自己，不戴有色眼镜去评判，友好地与其相处，也会体现一个人的善良。这有点儿像汪曾祺说的"一个人的口味要宽一点、杂一点，'南甜北咸东辣西酸'，都去尝尝"。对食物如此，对文化、对人，也是一样。人的心胸和思维越开阔，就越容易和不同的人共存，也就越有善良的能力。

纵观古今，可以坚守核心我精神的人不多。连"千古第一完人"曾国藩都感慨说："无兵不足深忧，无饷不足痛哭，独举目斯世，求一攘利不先、赴义恐后、忠愤耿耿者，不可亟得，此其可为浩叹也。"做事抢先，争利在后，实实在在，真诚善良的人永远是稀缺的。

你坚守的世界，就是你自己的世界。而且，你也一定要相信，世界上是存在吸引力法则的。你坚守了真诚和善良，你身边就会有更多这样品质的人，即使这个人善恶的比例五五分，你也能把他人性中的良善激发出来。曾国藩也说，"人以伪来，我以诚往，久之则伪者亦共趋于诚矣"——凡是以虚伪对待我的，我还是以诚相待，天长日久，则能使虚伪的人一起趋向真诚。

我们拥有一个美好的世界。

核心我的客观外在：
学历

> 教育意味着获得不同的视角，理解不同的人、经历和历史。接受教育，但不要让你的教育僵化成傲慢。教育应该是思想的拓展，同理心的深化，视野的开阔。
>
> ——塔拉·韦斯特弗

我们的调查数据显示，有 70.6% 的被试认为现在职场中存在学历贬值现象。但即使是在"学历贬值"的时代，学历依然是影响我们职场生活的重要的核心我因素。不少公司、岗位招聘甚至晋升的条件中，都会包括对毕业学校、学历学位的硬性要求，像是双一流大学、985、211、（全日制）硕士研究生学位、海外留学背景等。

我个人对核心我里的学历要素没有什么执念，我自己招学生也不太看第一学历的背景，我有我自己的甄选标准和甄选能力。但我从连线答疑时大家的提问中可以感觉到，学历是一些人的意难平。对中庸我来说，如何不悲不喜、不高不低地看待自己的学历，也是一门必修的功课。

中庸我思维看待学历的方式是这样的,比如:"我是大专人文社科毕业,我想读博士以后去大专当老师,目前我知道起点有点儿低,但我想看看怎么走可以实现,老师能给我出个主意吗?"

我给大家讲一个学生的故事。她是专升本学历,有了资深销售经验之后做到高管,去读了 MBA。读书的过程中,她就萌生了想要读博士的念头,于是她开始进组做科研,努力联系导师。之后因缘际会,当年导师想招的人没考上,她考上了,结果她就得到了读博士的机会。当时她的孩子已经读小学了,她就请来父母帮忙照顾孩子,自己辞了工作,搬到学校去住。她每周住校五天,每天去图书馆学习或者做组里的项目。她是我见过的最勤奋的人之一。

最后,她花了五年时间博士毕业,毕业的时候还有顶刊发表。她顺利进入天津的一所高校当了老师,带着一家人落户天津。

这就是中庸我思维看待学历的方式。不管现在是什么样的学历背景,我都认。从此处开始,我愿意为下一个学历目标奋斗,即使不去获取下一个,我也能在现状上开出花来。

相反,梦幻我思维如何看待学历?

有位学生朋友想申请博士,于是来问问题:"我联系了一位 985 的博导。导师对我并不热情,就回复了一个'欢迎报考'。他是不是看不上我的双非学历啊?我本科和硕士都是双非毕业的。我听同学们说,双非申请 985 很难。看来确实是这样的。"

我继续问他,你有科研经历吗?做过什么拿得出手的项目吗?

我能看一下你的简历吗？他说，没有，我一直在准备考研，所以本科没有做过科研。考研上岸以后，我也没积极联系导师，最后学校给我分的这个导师人还行，但做的都是横向项目。我的科研是自己摸索的，学得也一般，也没什么发表。我看了看他的简历，确实一般。

显然，他联系的博导不热情的原因，主要是一个硕士研究生在毕业的时候没有拿得出手的科研经历和科研发表。这是说不过去的。

那这位朋友对学历的排斥有什么坏处呢？他因为觉得学历不好影响了一切，就放弃了其他努力。显然，他有很多机会去发展自己别的能力，但他什么也没做，最后就算怪罪这个最无能为力的事实，他也只能给自己添堵。

另一位朋友的思维模式是一样的："我投互联网公司，从大厂投到小厂，连个面试机会都没有，你说是不是因为我的学历不行啊？"

我问他是哪里毕业的，他说某双非院校。我看了看他的简历，问他："你已经大四了，都没实习过吗？"他说："没有，去了也改变不了我的学历啊。再说，人家好学校的找实习都困难，哪儿还轮得上我？"

这位梦幻我的朋友，一方面抱怨自己的学历，另一方面在实习上也不想想办法，最后求职受挫，又拐回去怪学历。学历好可怜，总被消费，还不给充值。

核心我的内核：
健康的身体

> 从锻炼成健康的身体中来锻炼出健康的精神。
> ——朱光潜 《我学美学的一点经验教训》

健康的身体，是核心我最重要的基础。其实，职场上很多问题看似是能力问题，最后发现都是身体问题。曾国藩讲养身之道，曾提出四个质朴的大字"君逸臣劳"。"君"是心神，要安逸，少思虑，少操心；"臣"是肉身，要多走路，多动动，"行步常勤，筋骨常动"。他还鼓励大家"有恒"，要坚持。

在这部分，我会从身体锻炼、睡眠和体态三个部分展开讲讲。之所以要在核心我中对肉身的发展进行浓墨重彩的讨论，是因为这是为数不多的我们可以改变和掌控的部分。我认为是个礼物，值得珍重。

身体的强化和练习

我在职场调查中曾经请被试对财富、事业、健康、亲情、友情、爱情等人生重要事务进行排序。有 63.1% 的被试将健康排在第一位，

18.8%的被试将其排在第二位。这些数据说明身体的重要性大家都知道，但是很奇怪，除了少数运动细胞发达和真正热爱运动的朋友，大部分人在运动中获得不了那么多的快乐，我也是其中一员。

我虽然在运动方面没有太多经验，但是在养成习惯方面还是有点儿心得的。想要坚持，就要从简单的形式开始，不要搞得阵仗很大，又是办卡又是添置装备，又要找人来陪，最后还没开始做就已经累坏了，结果不了了之。极简化、最小化可行性方案就是最好的。做起来了，一切都好说。

以我为例。我评估了一下，快走和慢跑最适合我，简单易行。我有运动衣和运动鞋，不需要买任何东西，也不需要办卡找教练，出门就可以开始，哪里都可以做。大马路边、公园里、操场上，只要想开始，就可以开始。可千万别小瞧了这个极简方案。我看过表，即使是这样的简化方案，穿衣服、涂防晒、喷防蚊液（我很招蚊子，也容易晒伤）、戴帽子、喝够水（不用拿着，累赘）也至少要花20分钟。再加上锻炼前后的时间，少说一个半小时过去了。

实践极简化方案一段时间之后，就可以丰俭由人了。比如，今天时间更宽裕，就可以变换形式，变成打羽毛球、打篮球或者爬山等。

极简化之后，还有一个重要的功课，就是优先和定量。

这个优先，就是让位的意思。永远不要给自己找借口：今天我有一个重要的会议、今天我要去见客户、今天我出差……这些说辞都不要出现。无论有多大的事情，我们都可以把锻炼这件事情放在第一位。就像我们后面要讲的"弹性能力1：时间管理"部分的"每天三件事法"，可以把锻炼作为其中一件事。

这是在给自己的大脑下指令：你没有余地，不要挣扎，要行动，把衣服穿起来，走出去。人呢，只要做到这一步，基本都可以做到想做的事。

还有就是定量。要设置一个最小量，比如半小时或者一个小时。这样一来，就不用每天去想今天要锻炼多久了。这依然是一种最简化的思路。

那如果某一天中断了该怎么办呢？不用大惊小怪，中断也是日常。可以给自己设置一个对中断的接受标准，比如1天或者2天，之后继续。对自己适度的宽容，也是一种策略。做事太紧绷了，人会容易陷入完美主义，反而无助于事态的长期发展。

最后，就是和自己的"无能为力"和解。

先接受，再调整。

接受什么呢？接受事实：这个突如其来的锻炼日程，会让我们每天少至少2小时的工作时间，锻炼完还需要适应和恢复体力。这些都是大部分人要面对的事实，咱们要承认，不能视而不见。继续举我的例子。我刚开始规律锻炼的时候，是在写第一本书的过程中。我本来是有非常详细的进度表的，但因为加入了这个锻炼的日程，在开始的那20多天里，我时不时就觉得愧疚、委屈、难过，觉得耽误了进度，所以会心烦、生气，有时候甚至会发脾气和陷入抑郁。意识到自己情绪的变化以后，我就告诉自己：去接受，接受这个事情就是会拖进度的事实。这是我自己选的，所以要认。

同时，我感觉大部分习惯养成书里所说的"坚持过××天之后，你就应对自如了"，好像也没那么容易。和干所有事情一样，关关难过关关过。坚持过一阵子之后，会有新的很个人化的困难出现，比如，在成果倦怠期的无聊感。在初期，虽然坚持下去比较难，但其实很快就能看到一些效果，比如，从气喘吁吁到呼吸均匀，从毫无力量到照镜子时能隐约看到点儿线条。但大约 1 个月以后，就会开始看不到什么效果。这时候需要继续去想办法哄着自己，加一些有意思的小花样。

这些花样，可以是自己比较熟悉的元素，加入它们就相当于在不熟悉和熟悉之间建立了一个喜爱的连接。例如，我有个朋友喜欢研究穿搭，那么运动这件事情，就相当于给穿搭增加了一个新场景。他家里有一个罐子，里面是五颜六色的纸球。每天早晨，他都会从里面摸出一个纸球，然后按这个颜色去搭配袜子和运动服，算是每天的仪式感和小乐趣。而我呢，喜欢吃。我就每天运动回来，给自己的小本子上画"正"字。四个正字凑一顿大餐，奖励自己。这就是用熟悉的元素，给锻炼这件事加一点儿仪式感。

身体核心我的晴雨表：睡眠质量

我在学校教授的 MBA 课程中有《应用心理学》这门课。这是一门很难选到的课，所以大家一般都很积极。在这门课的第一节，我一般会用半个小时左右，讲一个职场人常常会忽视的问题——睡眠。MBA教育培养的是高级职业经理人，那我为什么在第一节课说睡眠呢？因为我觉得，想在任何职场实现生存或者发展，睡好觉都是第一步。我们不能小看人类的高质量睡眠。很有可能，坐你隔壁桌的老王去年得了A或者升了职，就是因为他晚上睡得更好。

关于睡眠对身心的重要性，尼采在《人性，太人性的》（*Menschliches, Allzumenschliches*）一书中的"漫游者和他的影子"部分写道，当一个人陷入自厌的情绪中，对一切都感到厌烦憎恶，无论做什么都提不起劲儿来时，该怎么办呢？狂欢？做做时髦的放松疗法？吃点儿维生素？去旅行散心或者借酒消愁？这些都不如吃完饭以后睡一大觉。当你睁开眼睛，你会发现世界焕然一新，自己也焕然一新，活力盎然。

睡觉，对成年人来说至关重要。不知道大家有没有发现，一天之中睡得好或者不好，看整个世界的感觉都是不一样的。睡得不好的时候，可能隔壁桌的老王随便吐槽了一句，让你打字轻点儿，你就会暴跳如雷；可能看所有文档你都会觉得串行，无法集中精力；可能你开会抓不住重点，恍恍惚惚。更可怕的是，在颜值焦虑的时代，睡不好觉的我们，会在变胖、变丑、变秃的路上越走越远。

睡得好的时候，讨厌的大人们也不那么讨厌了，领导也变得春光明媚起来，工作效率提高了，心情也愉悦了起来。所以说，睡眠对我们成年人来说太重要了。它不但影响我们的情绪、认知和专注力，也是评估我们健康状况好不好的一个重要指标。科学研究发现，睡眠时间短（< 6小时）是乳腺癌的重要危险因素。睡眠< 6小时

的人发生乳腺癌的风险是正常睡眠时长（6～8小时）的人的4.86倍。[1] 瑞典的一项研究显示，睡眠时间短与脑出血风险增加相关，与睡眠7～9小时受试者相比，睡眠<7小时的受试者脑出血风险增加21%。[2] 另一项研究表明，与每晚睡7～8小时者相比，每晚睡眠时间5小时的人发生心梗的风险最高，增加了56%；每晚睡6小时的人的心梗风险则增加了14%。[3]

从人类发展的历史来看，睡眠这件事对我们也很重要。在我们的祖先还要靠打猎才能活下去的时候，人类就已经要睡觉了。但是我们人一旦进入睡眠状态，就既不能打猎，也不能社交了，甚至还有可能被老虎和狮子吃掉。所以说，我们人类的祖先，是冒着被老虎狮子吃掉的风险，在600万年[4]的进化史里，一代一代地努力睡觉的。

在20世纪50年代[5]，科学界误以为，我们睡觉的时候，大脑处

---

[1] Song, S., Lei, L., Zhang, R., Liu, H., Du, J., Li, N., Chen, W., Peng, J., & Ren, J. (2023). Circadian Disruption and Breast Cancer Risk: Evidence from a Case-Control Study in China. *Cancers*, 15(2), 419-. https://doi.org/10.3390/cancers15020419

[2] Titova, O. E., Michaëlsson, K., & Larsson, S. C. (2020). Sleep Duration and Stroke: Prospective Cohort Study and Mendelian Randomization Analysis. *Stroke* (1970), 51(11), 3279–3285. https://doi.org/10.1161/STROKEAHA.120.029902

[3] Dean, Y. E., Shebl, M. A., Rouzan, S. S., Bamousa, B. A. A., Talat, N. E., Ansari, S. A., et al. (2023). Association between Insomnia and the Incidence of Myocardial Infarction: a Systematic Review and Meta-analysis. *Clinical cardiology*, 46(4), 376–385. https://doi.org/10.1002/clc.23984

[4] https://www.smithsonianmag.com/science-nature/essential-timeline-understanding-evolution-homo-sapiens-180976807/.

[5] https://www.thensf.org/what-are-the-sleep-stages/.

于一种关机状态。但是随着时间推移,越来越多的研究发现,人类睡觉的时候,不但大脑没有关机,甚至连人体也在从事一系列非常复杂的活动,对它的功能进行修复。

我们的调查数据显示,职场人中,有 63.13% 认为自己偶尔失眠或者早醒,有 11.25% 经常失眠。这样的现状很自然会引出一个问题:什么叫"睡得好"呢?其实睡得好不好,不完全是我们自己主观的感受,还有一些客观指标可以来量化。

美国国家睡眠基金会(National Sleep Foundation)给出了下面 5 个指标:

1. 睡眠时间(sleep duration)是不是达到了 7 ~ 9 小时[1];
2. 入睡时间(sleep latency)是不是少于 30 分钟;
3. 醒夜次数(sleep waking)是不是少于 1 次;
4. 入睡以后再醒夜的时间(wakefulness)是不是少于 20 分钟;
5. 睡着的时间占你躺在床上睡觉的时间的比例,也就是我们说的睡眠效率,是否大于 85%。

如果对上面 5 个指标,你的回答全是"是",那么恭喜你拥有了人类高质量睡眠。没达标也不用焦虑,毕竟这是一个程度,我们只要意识到,行动起来,情况就会往好的方向发展。

有哪些可以行动起来的办法呢?

---

1 https://www.thensf.org/how-many-hours-of-sleep-do-you-really-need/.

保持规律的睡眠

现代人类忙到深更半夜是常有的事情，尤其是如果上司是个喜欢加班的人，大概率新人也不敢比上司更早一步下班。这会造成一个什么结果呢？就是每天睡觉的时间，不可避免地要围绕上司的工作安排来调整。说到这里，我当然可以轻轻松松地告诉你，睡眠和身体是自己的，升职加薪慢一点儿不要紧，但这是风凉话。

如果眼前这份工作确实对你特别重要，这个工作的诉求是我们核心我中野心的一部分，那么我建议不管是在工作日还是在周末，都要尽可能安排固定的时间用来睡觉。哪怕晚，哪怕少，规律都比不规律的好。如果我们一会儿熬夜，一会儿早起，一会儿又一觉睡到下午，那么这对我们的睡眠质量是很有害的。因为在我们的大脑深处，有一个 24 小时的生物钟。这个生物钟只有在规律作息的前提下，才能把身体各方面的机能，包括我们大脑的机能，调整到最佳状态。

同时，不要觉得平时工作日熬个夜，周末用懒觉来补就行。根据目前我们了解到的科学研究，不管是小睡一会儿，来杯咖啡提提神还是在周末恶狠狠地补个觉，都没有办法弥补缺觉给大脑带来的损失。所以，所谓的"科学熬夜"，是个伪科学。

避免过量的咖啡因

要避免过量的咖啡因这一点，大家多少都知道，但是实操起来难度不小，毕竟我们都是靠咖啡续命的，对吧？调查数据显示，

28.4%的职场人有每天饮用一杯咖啡的习惯。早上,到了办公室,打开抽屉,想一下:今天我是喝袋子上有长颈鹿的、斑马的还是大老虎的挂耳包呢?这似乎是打工人留给自己的仪式感和小确幸。喝下第一口咖啡,感受热热的液体从喉咙徐徐流下,这种踏实和满足的感觉,足以抵消通勤路上的不舒服,让人打起精神,应对接下来的疾风骤雨。白天困了,再来一杯,继续打起精神。那如果到了傍晚呢?不应该喝了吧,但有时候也难忍住。我自己有时候也会忍不住多喝一杯,到晚上睡不着了,又开始后悔。

有标准吗?有。科学的建议是,在睡前10小时以内就尽量不要再摄入咖啡因了。也就是说,如果我们每天固定的睡觉时间是12点,那么下午2点以后就不要再碰咖啡了。如果嘴馋,可以来点儿低咖啡因的咖啡过过嘴瘾。这里需要絮叨一下的是,咖啡因不仅存在于咖啡里。我们平时经常点的奶茶、可乐、抹茶等饮品,都是有咖啡因的,而且量还不少。

调暗卧室的亮度

我们需要在晚上,尤其是在自己的卧室里,给自己营造一个相对昏暗的环境,这样就可以帮助我们的大脑释放褪黑素。褪黑素这种激素,可以让我们的睡眠保持规律。如果可能的话,在睡前一小时,尽量不要再去用投影、电脑、平板或者是手机了,能关机就关机,不能关机就把所有电子设备调整成静音模式。但这似乎很难,因为在现代社会,无论是否拥有一段亲密关系,哄睡我们的大多是手机,或者手机里的某某某。那么，如果非要拿起手机的话，可以开一盏暗一些的台灯，把手机的屏幕调到和它差不多的亮度，让我们的大脑在享受云哄睡的同时，知道我们快要睡觉了。

睡不着就下床走走

有时候，如果在床上躺了超过 30 分钟还是睡不着，或者睡着后半夜又醒了，想接着睡却发现睡不着了，那么不要硬躺着，可以下床走一走，喝两口热水，看看书，或者做一些其他事。这是因为我们的大脑很会联想。如果我们躺在床上很久还睡不着，我们的大脑就会在床和清醒之间画上等号。这个时候我们下床走一走，去接杯水喝，在有睡意后再回到床上，我们的大脑才会重新把床和睡觉这两件事画上等号。

睡眠障碍需要看医生

最后，我要再多说一句。上面分享的这些关于睡眠的小提醒，对患有睡眠障碍症的朋友是不适用的。为什么这么说呢？打个比方，假如你是一位运动员，我是你的教练，那我分享的建议也许可以帮你在正常情况下赢得比赛。但是如果这个时候你骨折了，或者在发烧，那么我再怎么建议，你也是没法参赛的，对吧？如果我们的身体已经出现了睡眠方面的问题，那么我们应该第一时间去看医生，寻求专业人士的帮助，尽量放平心态，慢慢做出调整就好。

体态和姿势：表象的深刻

我们面对一些特定的环境场合，会下意识地做出相应的肢体动作。大家可以回想一下自己在各种比赛的领奖台上的情景。运动会也好，演讲比赛也好，如果你一手拿奖杯，一手捧鲜花，常会举手挥舞，即使是性格内向的人，也会挺胸抬头；而在面对失利的时候，即使是嘴上说着"没关系""不在乎"，你的肢体语言还是会下意识地收紧，变得垂头丧气。在不同的情绪下呈现出的肢体语言，其实是我们与生俱来的。

哈佛大学商学院教授艾米·卡迪（Amy Cuddy）的研究发现，这个道理反过来也成立——姿势和体态也可以影响人的情绪和思维。

2012年，卡迪教授做了一次知名的TED演讲，叫"肢体语言塑造你自己"。她在演讲中提到，肢体语言作为比语言更有效的沟通方式，能直接影响我们自己。习惯性地使用扩展性和开放性的姿势，比如身体直立、双臂张开等，去占据更大的空间，可以帮助我们进入高能量的状态中。

双手环抱、低头弓身、含胸驼背……光是看到这些描述，甚至不用想象这些动作呈现出的样子，是不是大家就能透过文字感受到背后的"丧"了？这些姿势都是生活中非常常见的低能量姿势，不仅会带给他人很消极的观感，让人觉得"这人看着就不精神"，还会影响到摆出姿势的人的心情，容易让我们变得懒散、犹豫不决、焦躁不安。相反，一个人沉肩挺胸、下巴上扬，不仅会给周围人自信的观感，还会让自己感觉充满力量，干劲满满，走路带风。不难看出，姿势不仅能够改变体态，而且能影响心态。

高能量姿势创造的是一种正向的循环。高能量的肢体语言会影响我们的心理活动，心理上的积极变化会对情绪产生积极影响，而积极的情绪会给表情和肢体动作带来变化，身体上的变化又会对心理产生影响，由此形成了一个良性循环。这样的循环从外向内做出改变，又由内朝外产生影响，达到了一个理想的状态。

除了上述幅度明显的肢体动作之外，面部表情、眼神、步态、手势、声音等对人的状态和心理也会产生影响。就像"爱笑的人运气不会太差"这句话，虽然常被大家拿出来调侃，但它反映的是表情对情绪的影响。说起来，笑还真跟心理健康有关系。弗里茨·斯特拉克（Fritz Strack）、莱纳德·马丁（Leonard Martin）和萨宾·斯戴普（Sabine Stepper）三位科研人员让被试者咬住一支铅笔以保持面部肌肉，呈现微笑表情，就像我们常在影视作品中看到的通过咬筷子保持微笑一样。在这样的状态下，研究人员给被试们看漫画。实验结果表明，相较其他研究对象，这些通过咬铅笔保持微笑的人认为漫画更好笑。这说明，当我们做出某种特定的表情时，我们可以产生相应的情绪。三位研究人员后续的实验进一步表明，抑制微笑也可以阻止人们感受到相应的情绪。[1]

1　Strack F, Martin L L, Stepper S. Inhibiting and Facilitating Conditions of the Human Smile: a Nonobtrusive Test of the Facial Feedback Hypothesis[J]. Journal of Personality and Social Psychology, 1988, 54（5）: 768-777. https://doi.org/10.1037/0022-3514.54.5.768.

表情动作的改变，还能帮助我们调节消极情绪，缓解焦虑。当处于比较低落的情绪状态的时候，我们很难发自内心地做出积极动作，这是人之常情。但是，"装"出来的表情也能带来意想不到的作用。可以是嘴角上扬，也可以是刻意的大笑，夸张一点儿也没关系。我们会惊奇地发现，心情会比之前好很多，而面临的困境或许也没有看起来那样难以解决。

如何运用高能量姿势？

在了解姿势改变给我们带来的影响之后，我们可能会好奇，在面对高强度压力，比如有一个项目报告马上就要提交审核了，或是月末面对着眼看要完不成的 KPI（关键绩效指标），抑或是即将面临一场很重要的职业资格考试的时候，高能量姿势可以如何帮助我们呢？

在面对高强度压力的时候，大家可以通过三个阶段的练习，运用高能量姿势来进行自我改变，提升自己的表现和状态。

面对压力的时候，要在调整自己情绪的同时，以扩展性的姿势热身。我们首先要做的就是调整自己的情绪。很少有人能做到不紧张。我一个做培训的朋友常和我说，即使做这行已经快 20 年了，对培训内容倒背如流，但每到一个新的企业，在准备讲课的时候，面对着陌生的环境，他还是会有些许紧张感。这时候，让自己露出一个微笑，深呼吸几次，可以有效地缓解情绪。再给大家举个例子。常有同学和朋友来问我，明明在面试之前反复准备过可能出现的问题，但在面对面试官的时候还是容易大脑空白，说话结结巴巴。我会建议他们在面试之前，在公司楼下或是洗手间里保持几分钟高能量姿势，给自己力量。

在高强度的工作挑战开始之后，对高能量姿态的保持同样重要。要保持一种有力、挺拔的姿势，像我们常说的"坐有坐相，站有站相"，坐直或站直，适度抬下巴，再补充一些手势等。也要注意自己的呼吸。保持呼吸的均匀对我们保持情绪稳定是很有帮助的。如果在过程中，因为环境的变化而感到自己的情绪开始低沉、焦虑，处于一种低能量状态，可以及时调整自己的姿势，挺胸抬头。不需要很久，你就会感到自己好像又充满活力了。这听起来有些不可思议，但在实践过几次之后，你就会发现这个方式确实简单有效。

除了在一些重要的场合中应用，高能量姿势也可以被融入我们的生活，比如卡迪教授在《高能量姿势》（*Presence*）这本书里给出的一些例子：叉着腰刷牙、以舒展四肢的方式睡觉、把鼠标放远一些等。这些动作可以帮助我们有效避免一些习惯性的低能量姿态。

这里还有一个非常需要引起我们重视的事情，就是使用电子设备，尤其是在看手机的时候。大家可以回想一下，自己在平时用手机聊天、刷短视频时候的姿势是怎样的，身体是不是呈现了一种收敛的状态，低头、弓背、双臂收紧？"低头族"真的是非常形象地概括了这个状态，而这些动作，都是低能量姿势的表现。长时间处于这样的姿态，会给我们的生理和心理都带来消极影响。心理上，会让我们的弱势心理程度加剧；生理上，会给我们的颈椎、脊椎带来不小的压力。因此，只要在工作的时候，我都会刻意提醒自己抬头，把电脑放得高一些。坚持用这样的高能量姿势之后,我明显感到自己的精力更容易集中,也不会像之前轻易就感觉浑身不适了。

身体核心我如何和现实双向打磨

我们在身体层面的喜恶中有一些是和职场高度相关的。举个例子,有人非常不喜欢出差,一出去就吃不香睡不着,哪儿哪儿都难受。那这个人如果找了个长期频繁出差的工作,就得耗掉半条命。但有的人就喜欢出去,一出门神清气爽。那么,面对同样的工作,他得乐死。而那位耗掉半条命的朋友,出了次差,相当于扒了层皮,他的领导会觉得这是巨大的功劳吗?不会的。所以说,没有绝对的消耗,只有不适合的摩擦。

我们在职场范畴里,无论是择业还是不断地调整自己的职场发展方向,都需要考虑自己身体核心我的特质,在工作过程中不断了解自己。有些岗位特征就很挑人,是 A 的蜜糖、B 的砒霜,例如出差、早起、酒局、加班、熬夜、频繁开会、正装文化、行政事务性工作比例高等。

不少朋友在面试像市场、销售、工程项目、培训这类岗位的时候,面试官总会问上一句:你能否接受出差?针对这一点,我就问过自己的学生和朋友,除了那些"无所谓"的回答,大家泾渭分明地分成了两大类,一类人就觉得,出差多好呀,能去到不同的城市,在每天工作结束或是做项目的间隙还能探索一座新的城市,这不就是拿着工资、报销着差旅费去带薪旅行吗？而另一类人就截然相反，晚上睡觉认床、换了地方就休息不好，连消化系统都和自己作对，新陈代谢迷失了方向。他们哪怕只是离开家几天，也会有很大的心理压力。清楚了解自己的身体核心我中不能接受、不想接受的环境是怎样的，或是明确自己想要的工作氛围是怎样的，这十分重要，是对自己和组织负责的表现。

表1是我们的职场问卷调查数据，大家不妨对照一下自己的情况，看看你是不是跟大部分打工人同频共振了呢？

表1　不能忍受的工作特质

选项	选择该项的被试占比
酒桌文化	85.31%
行政事务过多	50.94%
频繁开会	48.44%
加班	32.81%
早起	18.13%
着装限制	16.56%
出差	10.00%
其他	3.75%

核心我的底色：
人格特质

> 一个人的性格决定他的际遇。如果你喜欢保持你的性格，那么，你就无权拒绝你的际遇。
>
> ——罗曼·罗兰

人格是核心我的底色。在心理学的范畴里，人格是个大筐，气质和人格类型等都可以放到里面。在人均懂点儿心理学的今天，大家多少都听说过这样那样的人格类型分类。

比如最近两年比较火的 MBTI（迈尔斯-布里格斯类型指标）就是一种对人格特质的分类，常被大家挂在嘴边的"I人""E人"正是源自这个评估工具。和其他人格类型一样，MBTI 测评在职场、教育、心理咨询等众多领域的应用非常广泛，可以用来帮助我们更好地认识自己。

MBTI 将个体差异分为四个维度，包括精神能量指向、信息获取方式、决策方式以及生活态度取向，每个维度下各有两种类型，分别是：内向（I）和外向（E）、感觉（S）和直觉（N）、思维（T）

和情感（F）、判断（J）和知觉（P）。通过测评，个体能得出在这四个维度上的倾向性，最终得出一个由四个字母标记的人格类型。这 8 个不同的人格类型排列组合，最终构成了 16 种更加全面的人格类型。

第一个维度是精神能量指向，是区分个体的最基本的维度。这个维度测量人们是更倾向于外向和社交（E），还是内向和独处（I）。外向型的 E 人，喜欢与人交往，喜欢被人注意，与他人相处时精力充沛；内向型的 I 人更喜欢独处、思考和反省。我本人就是一个非常典型的 I 人，更关注自己的内部状况，比如内心情感和思想，因此我在独处的过程中会获得更多能量。在这里需要指出的是，I 人并不一定不擅于社交，E 人也不一定擅于社交，能不能和愿不愿意有时候是两码事。

第二个维度是信息获取方式，用来测量人们是如何收集和处理信息的。依靠感觉行事（S）的人更注重现实，更关注具体的事实和细节；直觉型（N）的人更注重未来和抽象概念。

第三个维度是决策方式，这个维度很好理解。思维型（T）的人更注重逻辑和分析，倾向于理性思考和客观判断；情感型（F）的人则更注重情感，倾向于依靠情感思考和主观判断。

最后一个维度是生活态度取向。这个维度的区分最近在社交平台上也非常火，J 人和 P 人的相互"折磨"也让大家津津乐道。这个维度测量的是人们如何组织自己的生活。判断型（J）的人更喜欢有计划、有条理地组织生活，出行做好攻略计划，把一切安排得井井有条，看起来就是一个生活规律的人；而知觉型（P）的人更喜欢灵活应变、不受约束的生活方式，他们更多的是"随心"，时间管理上也更加灵活随意。

我们经常谈到的大五人格（Five-Factor Model），将人的性格特质划分成五个维度：开放性（openness）、责任心（conscientiousness）、外向性（extraversion）、宜人性（agreeableness）和神经质（neuroticism）。一般来说，开放性高的人，往往对事物充满好奇，渴望学习新的内容，更愿意应对挑战；责任心强的人是以目标为导向，更倾向于有条理，有较强的组织能力，注重时间期限；外向性强的人更善于社交，在人多的场合往往更兴奋，这一点和前面MBTI分类里的E人很类似；宜人性是测量人际关系的维度，这一项得分高的人往往乐于助人，富有同情心，为人亲和；神经质也叫"情绪不稳定性"，高神经质的人往往会经历更多的情绪波动，更容易产生消极情绪，具有较高的情绪敏感性和焦虑水平。

还有一种我觉得有意思的维度划分，是关于时间观念的。在每一个人的个性中，都存在着这三种不同的时间观念：过去、现在和将来。尽管我们都活在相同的时间标准中，但是每个人对时间的态度是截然不同的。

有的人非常留恋过去，常把"想当年"挂在嘴边。这种过去时间观又可以被分成两类：一类是消极的过去时间观，这类人将关注的重点放在过去错过的事情上；另一类是积极的过去时间观，这类人即使想起过去发生的不好的事情，也能从中收获积极的一面，大多能做到乐观面对。

现在时间观同样被分成了两类：活在当下、及时行乐的享乐主义现在时间观和主张听天由命的宿命主义现在时间观。享乐主义现在时间观认为只要现在快乐就好，过去和未来都不那么重要。这类人更懂得享受生活，往往很外向，具有外倾性，但同时通常自控能力较差，缺乏责任心。宿命主义现在时间观则较为消极。这类人觉得世间所有事情已经被安排好了，"十分天注定，打拼也没用"，无论怎样努力都无法撼动结局，所以他们更容易产生厌世等消极情绪。

最后一种时间取向就是将来时间观。这类人非常注重梦想和人生目标，有较高的尽责性，在行动前会进行规划，有很强的计划性和目的性。这一点和我们前面提到的J人很像，但有这种时间倾向的人，很可能因为过度关注未来和延迟享乐，忽略身边的人和事。

PART 3

弹性我
中庸我的武器

> 我深怕自己本非美玉,故而不敢加以刻苦琢磨,却又半信自己是块美玉,故又不肯庸庸碌碌,与瓦砾为伍。于是我渐渐地脱离凡尘,疏远世人,结果便是一任愤懑与羞恨日益助长内心那怯弱的自尊心。
>
> ——中岛敦 《山月记》

人这种生物，在古老的进化过程中，对"增量"有一种迷恋。无论是打游戏时的"过关"和"徽章"，还是组织里设计的职位、职级，都是在满足我们对这种增量的诉求。成长这件事，可以说是我们与生俱来的本能。初入职场的时候，一个毕业生在周围人眼里，被审视的是学历和个人素质，为代表的是一份稚嫩的简历，是一张纸、一个平面。等十年以后，他在别人眼里是一个职场人，是掌握了什么跑赢工龄的专业技能，是能带来什么样的资源和人际关系，是综合实力和氛围感，代表的是一个立体的维度。

从点和面到体的发展，就是职场人从"菜鸟"到"老鸟"的成长之路。那么如何让智慧随着年纪的增长而增加？如何真正做到苏格拉底所说的"我只知道自己一无所知"，不至于越老越说教、越来越"油腻"？这就到了弹性我出场的时候了。

所谓的"弹性"，就是一个人构建价值的过程。我在过往的研究中发现，当一个人身处职场环境中时，"我"代表的就不再是哲

图6 小A和小B

学意义上的"我",而是经济学意义上的"我的价值"。而在中庸我思维模式下,我们能更好地完成这种转变,为保护核心我创造更多的筹码和可能性。

举个例子。图 6 中的小 A 和小 B 经历了这样的过程:

小 A 因为某个要素,选了自己喜欢的工作 → 小 A 去做了,发现这份工作有自己喜欢的,也有自己不喜欢的地方

↓

小 A 工作表现不好 ← 小 A 表演上班、应付划水 ← 小 A 觉得自己选错了,工作辜负了自己的选择

↓

小 A 想换份工作

小 B 因为某个要素,选了自己喜欢的工作 → 小 B 去做了,发现这份工作有自己喜欢的,也有自己不喜欢的地方

↓

小 B 工作表现优异 ← 小 B 付出了行动 ← 小 B 觉得自己要适应和成长

↓

小 B 升职

上面的例子中，小A就是梦幻我的代表。他围绕着哲学意义上的"我"展开工作。他的世界的轴心是自己，如果工作和他想的不一样，他就会觉得，这工作不是我喜欢的，这工作怎么这样？我的领导怎么那样？我的梦想被辜负了。对，就是他们说的"毫无意义的狗屁工作"！我要离开，它严重影响了我的心理健康，人生难得一辈子，为什么要和它耗着？

而小B在入职之后，迅速调整了定位，从哲学的"我"本位，到经济的"我"本位，想着如何干好，如何适应，如何提升能力，如何用能力去保护自己的核心我诉求。这些手段都在提升"我"的价值。小B暂时搁置与哲学意义上的"我"的纠缠，充分拥抱着核心我，延展自己的弹性我。所谓的职场发展，大概就是如此。

前面引用的日本天才作家中岛敦的《山月记》中的一段话，用来描述现在青年群体的心理群像，也并不过时：明明不愿社交，却又害怕失去机会；明明想要得到，却又害怕努力了却没回报；想展示自己的出众，却又缺少底气，总是瞻前顾后、小心翼翼……正是这样的"拧巴"，让工作和生活中添了许多痛苦和疲累。

最近的自媒体中也有一种风潮，就是讽刺自己的工作，觉得它糟糕透顶、毫无意义。如果硬要粗暴分类，可能我们去上班只有两种动机，为了钱"安居"或者为了乐趣"乐业"。我们大部分普通人，大概不会一开始就那么幸运，找到一个干起来很爽的工作。如果注定这样，问题就变成了"怎么才能从安居到乐业呢"。

我目前也没想出什么一招鲜的办法。答案可能很朴素，就是在日复一日的生活里，在半如意半不如意的日子里，去利用目前能抓住的机会，提高自己的弹性能力，一点一点往自己的核心我诉求上去挪和靠，一步一步做出自己的"乐业"。

在《灌篮高手》的第七十一话，三井寿向安西教练表露了心声："教练，我想打篮球。"我希望越来越多的朋友，可以发自内心地把这句话说出口："我想去工作，我爱我的工作。"

你知道我为什么会有这样听起来"荒诞"的希望吗？

在《灌篮高手》的第六十九话，安西教练对打算放弃取胜的三井寿说："心生放弃之念的那一刻，比赛就结束了。"

弹性我的成长魔法：
乐高软技能

> "信仰"是要靠"韧性"来支持，不能单凭"冲动"表现。
> ——沈从文 《给驻长沙一个炮队小军官》

为了在变化的职场情境中践行核心我、延展弹性我，我们需要去提升弹性能力，其中有专业硬技能，也有近几年人们常说的"软技能"。比如通俗场域中声量很大、让年轻人头疼欲裂的"为人处世"，就是一种典型的软技能。对于专业硬技能的发展，大部分年轻朋友说得出从哪里发力，也能给予充分的重视和尊重，而软技能却时常让人犯难，宛如乐高积木，细碎零散。我们对这些积木是什么、有几片、它们各有多高的权重以及如何卯合常常把握不准，不知道多少算是足够，似乎空间无限，又无从下手。在反复的计算中，我们要么视而不见，要么自暴自弃。按我的理解，这些有如"魔法"的软技能，是一个人扎根职场的重要竞争力，也是成长的弹性抓手。

各个行业和岗位需要的专业硬技能大不相同，因此不适合在这里逐一展开讨论。在这本面向大众的书中，我主要想跟大家聊聊"乐高软技能"（见图7）的提升。有的朋友可能会觉得："软技能有什么了不起的？我是个靠实力说话的人，我认为只要硬技能够强，发不发展软技能无所谓。"或者："我平时搞自己的专业已经很忙了，没时间去弄那些虚头巴脑的事情。"

说到这里，我想跟大家分享一个我在商学院管理学课堂上的观点——把管理中的"硬问题"和"软问题"割裂开看是错误的。供应链、流程、技术实施、组织结构等所有"硬问题"的产生，都存在人、人际和人心方面的原因。落在个体层面也是一样，我们的"硬技能"和"软技能"之间，是相辅相成的关系。一个拥有很强的硬技能的人，如果感受不到自己应有的竞争优势，就极有可能是被软技能方面的短板拖累了。二者中有一个瘸腿，都会影响我们的整体能力水平。

这种开放式的命题，也会给对从小到大都是优等生的朋友带来很大的考验。优等生喜欢也很擅长有标准答案的命题，无论多难，都可以应付、可以学习。这样的思维迁移到硬技能的场合下，是通用的。但软技能这种开放式的命题，就很让人摸不着头脑，会让人畏难、逃避。但恰恰因此，每一个靠求学走出来，想要求发展的朋友，才更应该重视这个方向。

正如曾国藩所说："天下古今之庸人，皆以一惰字致败；天下古今之才人，皆以一傲字致败。"在提升弹性能力的过程中，我们既不能懒惰不想做，也不能傲慢瞧不起，要踏踏实实、一点一滴去探索和积累，这样才能更好地呵护好我们的核心我，实现发展。希望这本书可以提醒大家，包括我自己：想获得自由和快乐，乃至给

图 7 乐高软技能

他人提供价值、给社会做出贡献，下文中的这六个基本的做事能力和思维习惯是至关重要的。

```
专业硬技能  ⎫
            ⎬  弹性我
乐高软技能组合 ⎭
```

弹性能力和职场耐心

> 善于等待，就能等到。
>
> ——列夫·托尔斯泰 《战争与和平》

弹性我的发展可以帮助我们给自己的核心我"镏金"，保护它，让它变得更"值钱"，还可以让我们在奋斗的过程中保持耐心。大部分人是有"增长执念"的，当我们感觉目标离自己还比较遥远时，弹性就是解药——它可以让我们看得见自己的变化，了解自己的增量，体会到所谓的"日子有功"。

在这方面，动画电影《长安三万里》的主人公高适，是个典型的代表。高适作为唐朝唯一一位封侯的诗人，却大器晚成，成长的道路也十分崎岖坎坷。他出身名门，祖父有赫赫军功，但从父辈开始家道中落。高父文武双全，空有一腔抱负无法施展，所以把重振高家的全部期望寄托在了高适身上。然而高适从小资质平庸，读书写字都很困难，还有点儿口吃，幸亏他十分勤勉努力，虽然不能通过科举入仕，倒也识文断字，更是练就了一身好武艺。

时值大唐开元盛世,整个社会昂扬着蓬勃向上的气氛。在父亲的教育和影响之下,高适也早早地认领了自己的核心我,自小将建功立业、光耀门楣当作最重要的人生目标。父亲去世后,他守满三年孝,便怀着满腔热忱从家乡奔赴长安,立志要"叩天子门,成不世功业,复我高家的赫赫威名"。在长安,他遍寻高家的旧识,希望他们能把自己举荐给朝廷,却因为家族的衰落处处碰壁,饱尝人情冷暖、世态炎凉。他在岐王的宴会上耍长枪,想获得玉真公主的赏识,却只换来阵阵嬉笑。在那个群星闪耀、意气风发的长安城里,高适显得一无所长,像一块岩石一样暗淡无光。没有人愿意多看他一眼。接连遭逢挫败之后,他终于意识到,要想在这个能人辈出的时代成就功业,他的能力还远远不够。

他回到了家乡商丘梁园,一边务农,一边勤读苦练,默默积蓄力量,努力提升自己的弹性能力。几年过去,他的武艺越来越精进,也不再口吃,甚至还学会了写诗,开始在盛唐的文坛崭露头角。但高适明白,自己并没有像李白、王维那样的惊世才华,人生的主线不应该放置在这里。于是,当他觉得时机成熟、可以第二次"入世"的时候,他选择了去投军。高适觉得,靠在沙场上出生入死去赢取功名,才是属于高家人的本分和宿命。

高适来到边塞,投了蓟州军。他本想在这里一展抱负,却不想主将是个昏聩无能、荒淫无度的人。高适和将士们在他的将令之下如草芥般生生死死,残兵败将在九死一生中回到大营,竟看到主将在帐中与美人美酒为伴,一片歌舞升平。高适一时间悲愤难当,明白了这里并不是属于他的舞台，当即决定离开军队再次归乡。

　　高适的第二次"入世"又以失败告终，但这次他并不是一无所获。因为在边塞的经历和见闻极大地丰富了高适的生命体验，他在返乡途中写下了属于自己的第一个千古名句"战士军前半死生，美人帐下犹歌舞"。正应了电影中李白对他的期许，"胸中的一团锦绣，终有脱口而出的一天"。但也正因为这首《燕歌行》中对权贵的批判切中要害，高适与仕途更加隔绝。自此以后，他隐居在故乡梁园，继续沉淀自我，一住就是十年。影片中在乾陵祭拜祖父时，高适向身边的杜甫介绍了祖父在四十二年的短暂人生中创造的功业。想起已经四十三岁的自己仍旧一事无成，他不禁心灰意冷，悲从中来。

　　后来，好友李白的突然造访打破了宁静。李白对凡尘俗世感到绝望，决定遁入道门，邀请高适伴他去领道箓。仪式结束之后，一行人来到黄河边饮酒，李白在这里写下了他的惊世之作《将进酒》："君不见黄河之水天上来，奔流到海不复回。……人生得意须尽欢，莫使金樽空对月。天生我材必有用，千金散尽还复来。"诗中那种上天入地、贯通古今、洒脱豪迈的气度深深感染了高适，让他的野心、他的核心我再一次熊熊燃烧起来，但他也更深刻地意识到自己跟李白之间的差别。李白被称为"谪仙"，而他终究是个世间人，要踏踏实实地在世间盘桓。他决定出塞再次投军，到哥舒翰的幕府中去做他曾经看不起的文人记室，纵然不能像祖辈一样用真刀真枪战它个痛痛快快，也可以"用一笔一画去驰骋疆场"。

　　"赵客缦胡缨，吴钩霜雪明。银鞍照白马，飒沓如流星。"临别之前李白终于吐露,二十年前他写下的《侠客行》中,这位鲜衣怒马、仗剑天涯的侠客,原型就是高适。彼时,所有人都当高适是一块不起眼的石头,而李白却将他视作璞玉。现在这块饱经岁月雕琢的璞玉,终于要开始散发光芒了。

坚定拥抱核心我,用持之以恒的努力去提升弹性能力,身体力行中庸我的高适,终于在第三次"入世"之时,迎来了属于他的时代。影片中安史之乱爆发,哥舒翰的军队中却发生了叛乱。哥舒翰宁死不降,被叛军杀害。高适凭着一身武艺孤身杀出重围,向朝廷禀报实情。自此之后,高适凭借卓越的军事能力,在盛唐的废墟中纵马一路向前,终于成为乱世中扶大厦之将倾的一员名将。

耐心和坚持让高适没有在一次次的打击和失败中选择放弃,而是让他最后选择了一条少有人走的路。能助他最终实现抱负的,正是他不断提升的弹性能力。高适的武功最初不过是技艺平平。在一次比武中,他落败于裴十二。意识到自己的不足之后,他便回去苦练基本功。

在锤炼武艺的同时,他在文学上的造诣,也与他的勤学苦读是分不开的。克服口吃的问题后,他读书的效率也随之提高。即使在困境中,他也一直坚持创作诗歌。也正是凭借着笔杆子和武艺,他得以在军中谋得一份工作,虽然没有立刻建功立业、一举成名,但这段经历不仅为他的创作积累了素材,也为他之后的成功打下了坚实的基础。

在军事管理方面,他在积累中等待机会。即使他只负责文书写作，他也没有因此荒废武艺，而是坚持练习枪法。投奔哥舒翰将军之后，他学习了很多军事知识，掌握了带领队伍的关键。潼关失守之时，他凭借着自己的武功杀出重围，面见皇帝，说明情况。也正是因为他的卓越表现，他得到了皇帝的赏识，在安史之乱后期更是一路高升，获封节度使。在大唐和吐蕃的战争中，他运用自己学到的军事战略，成功击退吐蕃，赢得胜利。

高适这一生历经坎坷，虽然在过程中也有犹豫、有放弃，但好在最终，他都守住了自己的核心我。在电影之外，有人说高适是个运气很好的人，能力一般，"也不是什么战神"，只是站对了队。公平点儿说，他的运气还行，算不上很好，不然也不会起起落落那么多年。在仕途的维度上，如果他真有什么能力，可能就是耐心，愿意一直折腾的耐心。

弹性能力1：时间管理

> 时间不是在消耗我们，而是在完成我们。
>
> ——安托万·德·圣埃克苏佩里

初入职场时，你可能会发现，为什么会有这么多做不完的任务呢？为什么完成了这件事，又冒出了新的事？为什么每个人都在向我索求，都在找我？一个又一个来自不同人的五花八门的事情，饥渴地侵占着我们的时间。但我们生活在数字时代，微信的小红点就是我们的信号灯，微博热搜的"爆"就是我们吃瓜的号角和社交货币，短视频里的世间万象也在侵占着我们的注意力和时间。

我们就像游戏里升级打怪的主角，面对着打不完的小怪兽，感到疲惫、无助又无奈，无数事务缠身，探不出头来。

为什么会这样？或者说，时间真的那么宝贵，需要争分夺秒吗？

调查数据显示，有61.57%的职场人认为自己有必要提升时间管理能力。其实根据我理解的时间管理，底层逻辑不是时间，而是价值。我们把时间放在哪里，哪里就应该最能为我们产出价值。这个价值可以是务实的钱和具体的目标，也可以是幸福这种持久的心理资本。如果是这样，那破解时间困局的关键就不应该是想办法节省时间，而是去判断我们的价值在哪里。这就需要去聆听核心我的召唤了。

经常有学者为现代人类担忧，觉得我们在逐渐远离深度思考和工作，我们的时间在被不断碎片化。关于这点，我倒觉得不必担忧，每个时代有每个时代的活法。在核心我的指引下，在进行了价值判断和主线梳理之后，我们就会知道，自己的"本命"工作主线和深度应该放在哪里，再去安排就好了。毕竟我们在这个阶段还不可能像心理学家卡尔·荣格那样把自己关在独立的两层石头房子里独处冥想，也不可能像思想家米歇尔·德·蒙田那样拥有一座私人图书馆去思考和写作，同样不可能像马克·吐温那样把自己关进农场的一间小屋消夏。

《深度工作》（*Deep Work*）的作者卡尔·纽波特（Cal Newport）推崇的这些深度工作的典范，可能都没有混过真正的职场。职场的难就在于要求的杂，"既要又要"的可能不是我们，而是老板或者工作本身。好多工作都是"既要又要"的——既需要你专注思考，沉下心去，又需要你八面玲珑，左右逢源，同时处理好各种杂事。难就难在这里。

怎么办呢？聚焦！也就是拥有主线思维，果断舍弃不重要的工作。

这几乎是所有效率工具的共通之处。全世界的优秀公司也为了这条金律，花了不菲的咨询费用，聘请顶级咨询公司给自己开药方。

管理学家彼得·德鲁克（Peter Drucker）也曾说过："如果问我取得成果的秘诀是什么，我的回答是聚焦。"用"核心我"这把尺子，去度量，做好平衡，杂中有序，忙而不乱。

下面我分三个层面来探讨时间管理的问题：小宇宙层面，偏宏观；小星星层面，偏微观；最后一个是鸡毛蒜皮层面，是一些零碎但重要的思考。

小宇宙层面：简历管理法和深度工作

第一个方法是简历管理法。首先要做的，就是根据核心我的野心和诉求，对自己的未来进行设想，例如：三年以后晋升一级，工资实现30%的增长，攒下五万存款，十年以后辞职回老家，或是几年后你想达到的任何具体职场目标都可以。之后，将达到这个目标所需要的硬件条件列出来，给未来配得上这个目标的自己写一份简历。那么，要怎么知道获取这个成就需要的硬件条件是什么呢？我举个朋友的例子。她是做运营岗位的，特别希望三年后拿到25,000的月薪。于是她去搜索找工作的一些网站，去看看运营岗位月薪25,000的岗位的JD（岗位职责），了解需要的能力和经历有哪些，然后具体列出来，给未来能匹配这个工作的自己写一份简历。

接着，给现在的自己写一份真实的简历，就是如果此时此刻换工作或者找工作会投出的简历。之后，通过一个公式"三年后理想状态的简历—现在的简历＝现阶段需要做的核心事情"得出答案。

三年后理想状态的简历 − 现在的简历 = 现阶段需要做的核心事情

我们时间管理的宗旨，就是要在核心我的指导下，围绕"现阶段需要做的事情"来展开。这就是宏观原则，也是我们这几年的主线。这些方面价值的权重最大，所需的时间投入也相应更多。

小星星层面：每阶段和每天三件事法

定出三年的方向和一些具体的目标之后，第二步就是让它们像灯塔般照耀日常的生活。

具体到每天怎么过呢？我一般重要的事情，每天不会安排超过三件。这三件事情，最好是和上面自己定出的目标高度相关，之后再将80%的精力放在这三件事上，围绕这三件事制订计划。每天早晨先问一问自己："今天最重要的三件事是什么？"科学研究发现，人在精华时间头脑机能发挥得更好，做事的效率和效能会比其他平庸时间内的高。所以我们要做的并不是提升相对稳定的头脑机能，而是选择最大化它的效用，在精华的时间做重要的事。

值得注意的是，这三件事是需要最优先完成的任务，但它们并不是最容易完成的三个任务，而是最重要的三个任务。明确了这三件事就是今天优先级最高的小目标之后，我们就可以做好行动计划，预计需要花费的时间，利用精力最充沛的精华时间去完成它们。在完成了这三件最重要的事之后，再做剩下的事情的时候，我们会感到更加身心舒畅。

我还有个具体的做法，就是睡前复盘一下今天的三件事，然后把第二天要做的三件事写在"便利贴"上，贴在电脑里，这样第二天打开电脑时就会知道该干什么。曾国藩也有类似的做法：每日临睡之时，默数本日劳心者几件，劳力者几件……但他好像没有这种明确的每日三件事法，所以会发现"宣勤国事之处无多"，也就是一看正经事没干多少，下决心要好好干的话，估计是睡不好觉了。咱们不一样，有了每天三件事法，晚上一看，干得真不赖！一般会睡得更香甜。

关于晨间人还是夜间人分类的讨论，经久不衰。但就我的观察，还是晨间人的时间效率更高。你是一个上班族，又想抽出时间学习，那么我强烈建议把学习安排在早晨，早起一两个小时，把这部分前置，而不是放在一天劳累之后。效率低下的自我感动，还是减少为妙。

鸡毛蒜皮层面：租房选址和是否独立居住

对很多在外打拼的年轻人来说，租个心仪房子的难度往往不亚于找工作。公司附近通勤只需 10 分钟的房子 3500 元 / 月；偏远一点、通勤要 90 分钟的房子只要 2000 元 / 月。看着这 1500 元的差距，不少人会毫不犹豫地选择用每天 160 分钟的通勤时间去换它。

选择哪处房子，当然是非常个人的事。我从上学时开始，租过不止10处房子，每次选择的都是类似"3500"的这一个。逻辑很简单，我的核心我中的身体方面很一般，经不起折腾，但还挺热爱工作的，所以就算这个距离近的房子再破，对我来说也是最优选。至于这1500元的差距，在别的地方少花点儿就是了。这其实也是在践行中庸我思维，守住核心我，保护核心我，期待可以成全自己的野心。当然，也正是因为这个选择，说起来惭愧，在35岁之前，我都没有住过什么像样的房子。

为什么在时间管理这部分说租房呢？因为这是在大城市打拼的年轻人在时间管理方面一个绕不过去的话题。调查数据显示，49.07%的职场人每天的通勤时间长达半小时以上。数据继续聚焦北上广深等特大型城市，每天通勤时间达半小时以上的占比65.63%，其中一小时以上的占比33.33%。试想一下，如果你每天9点钟到单位打卡上班，10~20分钟的通勤就意味着哪怕8点起床，你也完全来得及洗漱、收拾，再吃个早饭，元气满满地往公司走。而90分钟的通勤则很明显，7点半就要走出家门，所以你需要7点甚至更早起床，乘坐着拥挤的交通工具。等到了单位，一天的工作还没开始，你就已经很累了，很难以良好的状态投入工作。

下班回家更是如此。短时间的通勤意味着下班后很快就可以到家放松身心，同事约吃饭也方便，社交的物理距离尽在掌握之中。还有一个额外的好处，是"帮个着急的忙"的优势。职场上，很多时候，救火救急是重要的社交和晋升货币。离得近，就可以在领导或者公司需要的时候很快到场。千万别小瞧这种职场小花絮，形象

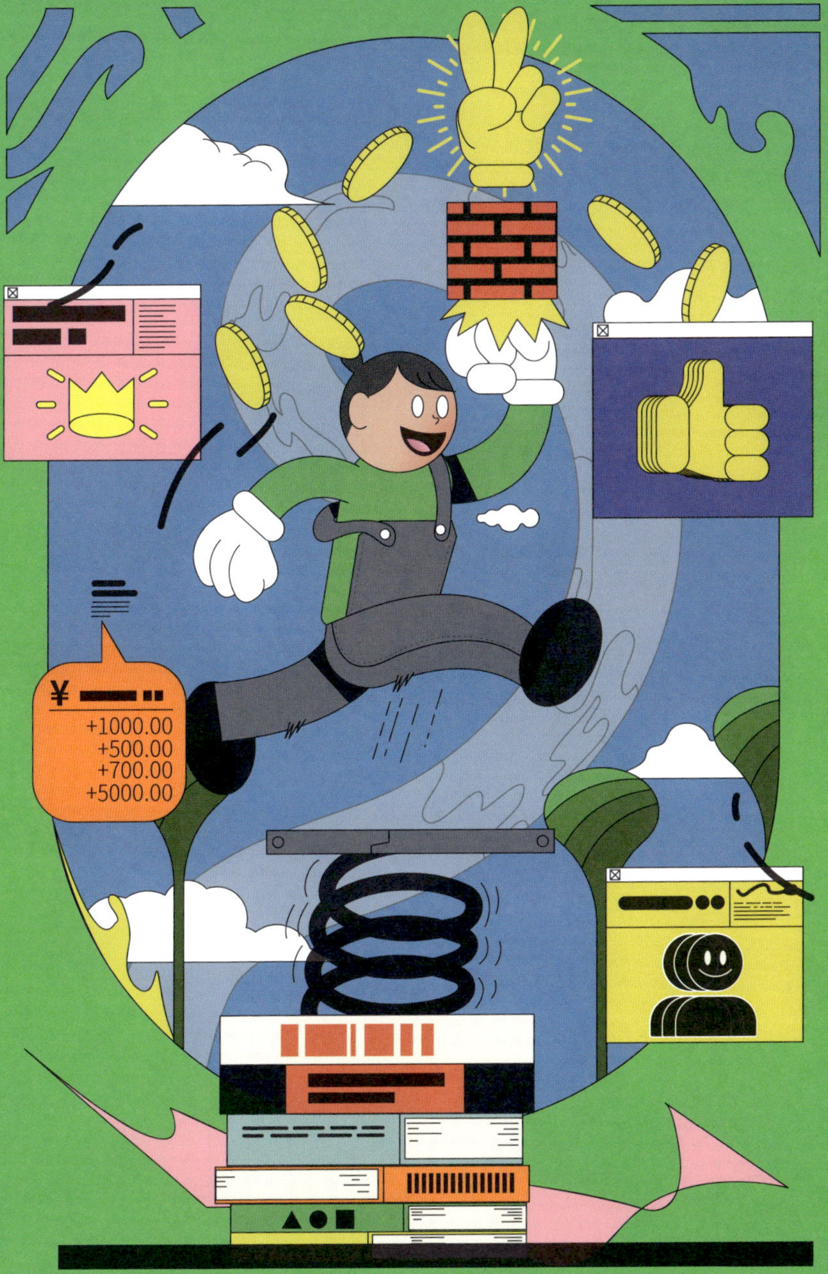
¥
+1000.00
+500.00
+700.00
+5000.00

弹性我

从"菜鸟"到"老鸟"的成长之路。
所谓的"弹性",就是一个人构建价值的过程。

就是这么一点点建立起来的。

　　当然，大家的委屈我也都体会过，破房子住得一点儿都没有幸福感，会让人觉得这么多年书白读了，在大城市奋斗到底是图什么？这就是个系统化的价值问题了。我们还是应该回归核心我，结合自己的金钱观以及职场野心来考量。我是这么想的：能在大城市立足，本来就是件挺酷的事。选择留在大城市打拼，是我们核心我的一部分。认领了这个核心我之后，牺牲一些居住的安乐，换得一些职场上的空间和时间，也算是在自己身上的投资吧。普通人的自我投资，有时候并不是去寻求额外的加持，而是牺牲一部分东西，把砝码加到更有需求的地方去。

　　说完远近，关于房子还有一个要考虑的维度，就是倘若和父母在一个城市，是不是要搬出去住。我觉得年轻人应该珍惜自己从初入职场到进入一个家庭之间，那段独立居住的时间。这段时间是一个人在心理层面成人化的一个非常好的机会，也能为稳定核心我提供助力。从衣食住行全程无忧，到布帛菽粟亲力亲为，在属于自己的这个不大的空间里，大大小小的事情都需要自己负责。租房布置、水电燃气、生活用品、洗衣服换床单、打扫卫生……生活的真相摊在我们面前，很快就能让我们在独立生活的鸡毛蒜皮中获得关于"我"的成长和思考。

　　这种人生体验还是挺值得的。

小练习 A

一天清单

在某次工作坊中,一位职场女性向我表达了践行"主线思维"时遇到的困境。她知道在她目前的职业阶段,最重要的是考过职业资格证,但她又会被一切琐碎的事物牵绊,找不到头绪,管不了自己,因此觉得非常委屈。

我给她设计了一个"一天清单"练习,是一个简单的四步练习。大家也可以尝试一下。

第一步

静心。找一个工作日的午后(排除忙碌的周一)。舒服地坐下,深呼吸。不用刻意安静,可以在咖啡馆也可以在办公桌前,适当的"白噪音"可以让人更好地"看见"自己。闭上眼睛,深呼吸,数到 7。

第二步

睁开眼睛,找一张 A4 的白纸,记录下自己昨天一天的生活。

第三步

给这一天中和主线有关的事情画线,复盘一下自己一天核心的精力是不是投入了主线的事情中。

第四步

列出自己的主线清单,心平气和地和自己说:"从明天开始,要把主线的事情放在精华时间。"

小练习 B

一周清单

同理，如果觉得一段时间混混沌沌，过得不清爽。可以找一个周末。按照下边的 5 步来"看见"自己。注意，这不是批判大会，是为了看见自己的苦，然后在舒适范围内做出调整。目的是活得清爽，而不是变成别人。

第一步

静心。找一个周六日的空闲时间。舒服地坐下，深呼吸。不用刻意安静，可以在咖啡馆也可以在家里的饭桌前。闭上眼睛，深呼吸，数到 7。

第二步

睁开眼睛，找一张 A4 的白纸，记录下来这一周的工作生活。见了哪些人？做了哪些事？可能有的回忆不起来，没关系，写下能想到的就好。

第三步

勾画出这一周中和主线有关的事情，复盘一下自己核心的精力是不是投入了主线的事情中，思考这些是否与自己混沌的状态有关。

第四步

再次列出自己的主线清单，心平气和地和自己说："从下周开始，要把主线的事情放在精华时间。"

第五步

奖励自己。一支冰激凌、一杯气泡酒或者任何可以让自己快乐的小东西。拍拍自己，你很辛苦，我看得到，我们下周加油哦！

弹性能力 2：
积极注意力偏好

> 我想现代社会的忧郁就是这么回事，人们对幸福生活的定义愈来愈高，以前人的普通生活成了现在的悲惨生活。虽然辛苦，我还是会选择那种滚烫的人生。
>
> ——北野武 《向死而生》

"今天的活动我不想参加，路上的交通又塞又挤，活动现场肯定人很多，去了也不一定有意思。就是在浪费时间，折腾自己。"这样的脑内小剧场相信是很多人经历过的，实际上这个活动真的没意义吗？不知道，也不重要了，可能这已经不是思考的重心。当我们把注意力放在那些消极方面的时候，就算这件事情真的有意义，放弃的选择早已注定，之后所有的想法也只是在证明自己的选择正确而已。

我们的注意力，决定了我们的思考和行为。面对同一件事情，不同的人会把注意力放在不同的方面，给出不同的反应，做出不一样的决定和行动。拥有积极注意力偏好的人，更容易做出尝试，而在尝试中，往往孕育着新的天地。举例来说，一名大学生在申请国外研究生课程的时候，报了心目中想去的学校，但收到了学校的拒信。一个有积极注意力偏好的人，在沮丧的同时，会认为这是一个很好的发现问题的机会，会静下心来总结自己的长短板，研究材料里的问题，为下一次努力去做准备。而对一个有消极注意力偏好的人来说，被拒绝这件事情代表着一种否定。失败带来的沮丧和失落情绪占据上风，让他饭也吃不下，觉得其他学校也不香了，提不起劲继续报名申请，可能就此放弃了之后所有的可能性。

你可能会问，我们的核心我里面不是有性格要素吗？这难道不是性格问题？我认为不是，而是一种弹性能力。例如一个内向的"I人"也可以拥有积极注意力偏好。甚至人生的底色也不会影响这个能力，比如悲观的人不能有积极注意力偏好吗？我认为是可以的，我自己其实就是一个悲观又积极的人。上大学的时候，我还挺为自己的这个特质难受的，觉得年纪轻轻根本乐观不起来，这可怎么办？读到后来，我发现，好多能成事的人都有很悲观的底色，比如曾国藩就是一个悲观主义大神，对人性没有太多期待。

这里还需要注意的是，积极和消极的注意力偏好不是说把人一分为二成两类，而是说每个人的思维中都有积极和消极的部分。比如，你去心仪的公司面试，第一轮就被刷下来了，垂头丧气地出来以后，又发现车被贴了条。这个时候，一个有消极注意力偏好的人会觉得：今天真倒霉啊，什么都不顺，从一开始就不该出门，就不该投这家公司，就不该开车去，坐公交地铁不好吗？果然是水逆啊！然后他就会陷入这样抱怨、自责的消极情绪中去。而在这种时候，一个注意力集中在积极方向上的人会冷静地面对。他会想，面试是一个很好的积累经验的机会，不管学没学到东西，这个形式本身不就是对方陪着我练习了一把吗？然后他会抱着"破财免灾"的心态去及时交罚款，并记得下次注意，不要违停。这么一对比，积极注意力偏好其实不是让我们紧张、亢进，而是能让我们舒服，释放自己的体力和精力，向前走。

积极注意力和丧气，是一种场、一种氛围，一个会托着我们向上，另一个会让人越来越沉。英文里有个词 Mojo，直译是"魔力"。有一本英文书标题就是"Mojo"，中文书名为"向上的奇迹"。我觉得翻译得很好。拥有积极注意力的氛围，就是魔力，就是向上的力量。

积极注意力和 51% 原则

美国斯坦福大学心理学教授卡罗尔·德韦克（Carol Dweck）在《终身成长》（*Mindset*）一书中提出了一种她认为有利于人类发展的成长型思维模式。这个理论其实和积极注意力偏好有着类似的逻辑。成长型思维者会关注成长和发展，而不是负面和缺陷。从根本上说，当注意力集中在事物消极方面的时候，尝试行为作为一种挑战，会威胁到现有的一切和自信心，让人在行动之前头脑中就充斥着"不行""不够好"这样的消极情绪。这对心情和能量而言都是很大的消耗，也会让我们缩手缩脚、停滞不前。

我自己有个理论,叫"51% 理论",是我制定给自己的,也分享给大家。因为我是个爱琢磨的人,用中医的话说,就是有点儿思虑过度,所以为了治自己,我就想出了一个 51% 原则:一件事情,不要等想明白万全之策了再出发,而是只要想明白一半以上,并有超过一半的可能性能做成,就直接去做吧。因为剩下的思量基本是毫无意义的胡思乱想,很容易吓退自己,或者把事拖到错过了时机,那么之后再做,意义可能确实不大。

这个习惯是我从 20 岁出头开始强加给自己的,这么多年实践下来,已经不费劲了,算是我的处事风格之一。比如,学生跟我说个什么想法,我会考虑一下,只要觉得可行性有 51% 以上,我都会说"好的,试试吧",一般都能吓到他们。更有意思的是,当他们觉得我亢进了,他们都会变得更严谨,去做更多功课。我觉得有时候,教育就是要勇于做一个"不靠谱"但可信赖的师长。师长过于求稳的话,孩子们很难有出息。等师长跳跃了,孩子们就担起心来了。一旦真的操了心,他们做事情的能力就起来了。更多的细节,大家可以在"弹性能力 5:领导力"的部分看我们的探讨。

我再举个自己的例子。我虽然比较内向,但是在求学的路上还是比较勇猛、不信邪的。留学的时候,我想申请一类项目,叫"荣誉课程"(Honors program)。是不是没听说过?对,当时我也没有听过,但我知道它是好东西,是在那个教育体系下的本硕博学习过程中绝对的钻石金牌。但问题来了:我一个英语不好的亚洲学生,该怎么申请?大家都告诉我,很难。难在哪里?有没有什么标准?

该怎么做？是无法企及还是跳一跳后可以够到？我想了个办法。尽管并不确定能否收到回复，我还是给当时最好的几所学校的荣誉课程的联系人发了邮件，说明了我目前的详细情况，表达了明确且强烈的意愿，并问了一个非常直接的问题：我目前的情况是这样，那么我还需要做哪些努力，需要积累和经营些什么，才有机会被贵校的这个项目录取呢？

出乎预料的是，所有人都回复了我，还都给了无比直白的答案，告诉我需要做出哪些努力，有哪些量化指标要完成。当然，难度很大，甚至比我想的还要难。但是有了明确的目标和他们的鼓励后，一切都不一样了。之后，我就照着邮件的回复，在两年里的每一天一步一步地去积累。结果也很好，当年一个学院招收了两名荣誉学生，我就是其中之一。之后，我还因为在这个项目中表现好，获得了一等荣誉学位（First class honours），并拿了最高额的全奖，读了博士。所以你看，尽管每一步都并不轻松，但将注意力集中在积极的方面，同时去做、去行动，去撬动我们的弹簧，这样的模式会让整个人生轨迹都变得不同。

说到这里，你可能会问，万一失败了呢？那么朋友，你还是没有聚焦在积极的方面。我再给你讲一个故事。我有一个文件夹，里面是我申请过的所有项目的集合。偶尔心里很难受、很沮丧的时候，我就会打开这个文件夹，看看走来的路，眼睛都会酸酸的。回头看，我成功的概率可能不到十分之一，最近几年高了一些，但也不到四成。我有一个理念是，普通人就要勇于做分母。在同一个概率下，分母越大，分子越大。而随着做事情带来经验，概率又会增大，改变算法。这就是一种正循环。

毕竟，做难事，必有所得嘛。

小练习

我的积极注意力清单

　　回忆一下,过去的三个月中,有什么消极的东西是自己一直在关注,但毫无必要关注或者可以暂时搁置的。同时,可以列出三句符合自己语言风格的积极注意力表述,比如"好的,我要去试一下""你这个意见我真没想过,我也想去试试看"。

暂时不投入注意力的事物清单

-
-
-
-
-
-

三句积极注意力表述

-
-
-
-
-
-

弹性能力 3：
信息的接收和处理

看清这个世界，然后爱它。

——罗曼·罗兰 《巨人传》

在职场上，信息就是价值，信息的流动就是价值的流动，信息的顺畅就是关系的顺畅。

而职场上的信息控制能力往往是容易被我们忽视的。每一个职场人都是信息的发出者、渠道或者是接收者。如果我们觉得自己的职业生涯走着走着就"卡"住了，这很可能是因为我们的信息不顺畅。在一个人通过弹性能力的提升，让信息顺畅流动起来以后，他的职场之路也会变得更加舒心。

在职场上总有这样一类人，他们两耳不闻窗外事，按部就班地盯住手中的任务，对任何信息都不关心，完成的工作提交上去就算结束了，也不会考虑有没有反馈。这类人就会逐渐成为团队中的"小透明"。他们升职加薪的机会不清楚，能不能成长则要看"命"。倘若领导耳聪目明，惜才如子，他们的工作又比较容易被量化，能看出明显的好坏，那可能还行。但倘若领导有些糊涂，下属众多，管理混乱，工作量和质又有点儿不好衡量，好坏没那么明显，他们就很容易吃亏。

勤勤恳恳对待工作是对的。但是，如果这部分朋友的核心我里有些许野心，想要攀爬职场阶梯，他们就很容易憋屈。对外界信息的接收不灵敏，很容易让人错过一些契机。而更可怕的是，这种封闭的状态很容易让人被误解为不成熟，甚至会让部分管理能力不高的领导觉得他们不好相处，很难委以重任。

信息控制的第一步就是要主动接收和索取信息，这也是打破信息差的关键。那么，有什么行动方面的启示吗？

睁开眼睛，看见信息

信息的获得，离不开各种各样的信息源。那些来自外部环境、行业内部、上级领导的信息往往会引起我们的重视，而一些"八卦""小道消息"容易被我们轻视或者忽略。

但事实上，除了一些贬损个人特质的，比如评论他人身材类型的八卦之外，大部分八卦都是一种有价值的工具，远没有我们想象中那么不堪。关于职场八卦的研究，算是最近一些年里职场心理学领域的热门话题。美国加利福尼亚大学河滨分校的研究团队通过对几百名实验参与者日常对话的记录分析发现，参与者一天的对话中大约有 13.72% 的内容都是八卦，而相较褒贬评价，八卦的主要性质偏向信息传递。比如，最近公司内部有一些"小道消息"，某部门要进行人员优化、年会将不设抽奖环节等。这些八卦并没有来自公司的官方确认，但会在员工中快速传播。大家会在茶水间、餐厅交流这些信息，对它的真实性和可能性进行讨论。

研究者们发现，八卦除了辅助信息流通之外，还可以通过我们整合八卦信息的行为，帮助我们看人和识人。比如，大家讨论A领导和B下属之间的恩怨，说A会使用一些辱虐性的语言攻击B。这时候，我们可以发现不同的人对这事情可能有不同的看法。我们可以通过同事们对待"领导辱虐"和"上下级纠纷"的态度和分析，来判断谁更刻薄、谁更有人际智慧，从而了解不同人的性格。久而久之，职场八卦可以拉近有共同价值观的人一起做事。

除此之外，八卦和隐性信息还可以指导我们的行为。举一个职场中很常见的例子，你所在的公司中，同一条业务线上有两位领导，两个"总"。这两个人平时看起来称兄道弟，在旁人看来"哥俩好"，但实际上却会暗中较劲。如果你不是一个"八卦"的人，对这样的"背景"毫不知情，你可能会在无意中卷入其中，在一方面前说另一方的好话，得罪其中一位领导而不自知。

不过说到这里，我也想提醒大家，知道一些背景信息，初心是为了把别人放在心上，而不是为了左右逢源，游走于各方势力之间。人心很深很沉，八卦不足以承载人心的丰富。大家还是要审慎看待八卦的作用：有用处，但不多，避坑的作用远大于加分。接受我访谈的一位职场人C就给我讲过这样一个故事，算是他年轻时候犯的一个"错"。他们单位有两位"总",私下里关系很要好,过往的日子里也算共过患难。忽然,A调到了系统内更好的上级单位,还升到更高的职位,而B保持原状。他知道A和B的关系很好,就跑去大肆恭喜B,当着B把A从头到脚夸了一遍,表达了崇拜之情。他的本意是和B套近乎,B当场自然是欣然接受。但之后呢?这位朋友达到了自己社交的目的了吗?其实A和B都对这次升职虎视眈眈,甚至B比A还在意,并且筹谋了很久,"家庭攻略""亲子攻略"之类功夫没有少下,没想到上司看上了A。人都是人,兄弟也不是圣人,多少还是有酸意的。这时候C对B提起这件事,就是当了个坏人。之后,B有意疏远他,在他的晋升道路上没起什么好作用。人家兄弟还是兄弟,收拾好心情后关系还可以继续,但你们呢?无非是陌生人。皇帝的新衣的尴尬点不是自己没穿衣服,而是没穿衣服被不相干的人看到了,还被说出来了。

除了睁开眼睛,在职场内部看见信息之外,从大的框架看,信息的接收还包括广纳世界。英国经验论主义哲学家弗朗西斯·培根(Francis Bacon)在《论远游》(*Of Travel*)开篇便指出:"远游于年少者乃教育之一部分,于年长者则为经验之一部分。"不管是教育还是经验,对一个人的成长都是非常重要的。我的理解是,现在人类的"远游"不仅仅是出去旅游,还应该包括思想的远游、互联网世界的远游、认知的远游和充分体会人类个体差异多样性的远游。给自己铺垫好大的背景,对人的发展和综合的人生体验都会有益。

积极和领导确认任务信息

有的朋友面对领导安排的工作，还没有仔细看、仔细听，就是一个"好的，收到"。转头要做的时候再一看，大傻眼！发现自己根本没明白领导的意思，又因为过去好几天了，不好意思再问领导，询问同事也只能得到众说纷纭的版本，结果可能都不是领导想要的，还得返工重做。所以，在领到一个新任务的时候，可以主动先和领导确认信息，确保理解了领导的意思和意图。

举个例子，领导给你发信息说，周五之前，你来组织大家对公司聚餐的备选酒店进行调查和筛选，并在下周一的会上汇报和讨论。那么，你需要去和领导确认几个方面的信息。

1. **确认这个任务的主导人**：在这项工作中，领导交由你去安排和分配任务。

2. **确认任务交付时间**：领导要求你在周五之前做到，那么你在向下安排任务的时候，就可以将截止日期定在周四或者周三。

3. **确认任务的目的**：领导要求你对公司聚餐活动的供应商进行调查和筛选，那么你可以从费用、提供的场地环境、地理位置、餐食标准、口碑评价等多个维度进行考虑。

4. **确认任务要达成怎样的结果**：你最终呈现给领导的是供应商的介绍、报价和场地的图片等。

你需要通过和领导再次明确这些信息来敲定任务的内容。如果你的理解有误，领导也可以及时指出；如果你的理解没有问题，你就可以照此安排推进。

这样做的好处是，你可以在最大程度上避免两种情况：领导也不知道自己想要什么，或者他以为的和他想要的可能不是我们以为的和我们觉得他想要的。这一步虽然看似烦琐，但其实省时省力，免去了后续不必要的烦恼。

主动寻求反馈信息

主动寻求反馈信息是非常重要的。在完成一项任务之后，我们可以去寻求来自领导、上级以及前辈的反馈，比如："您觉得我刚才做汇报时表现得怎么样？是不是显得特别紧张？""我之前提交给您的报告，我感觉不是特别满意，但是我又想不出来门道，想和您请教。"这样积极的主动询问，一方面可以给人留下不错的印象；另一方面，反馈无论是积极还是消极的，都可以给我们以提升的空间。积极的反馈是最直接有效的正向激励，可以促进我们成就感和内在动力的提升；消极的反馈可以帮助我们发现存在的问题和有待提高的方面，让我们在未来的工作中多加注意。

这里需要注意的是，我们要在这类对话之后，通过实际行动去鼓励对方日后继续乐于给我们指点迷津。比如："上次您建议了……之后，我觉得特别受震撼，原来自己一直以来的工作模式是有偏差的。这两周我按您的办法去试了试，感觉好多了，真的非常感谢您。"

去践行他人的意见和建议，并把自己行动之后的成效作为礼物回馈给对方来表达感谢，让信息形成正向循环，这也是一种"靠谱"的表现。

当然，反馈的寻求是需要一定心理能量的。倘若目前还走不出这一步，我们不如尝试着在观察中寻求反馈。相信这点对敏感的朋友来说并不陌生。例如我自己，从小到大干扰我成长的一个特质，就是我对信息的灵敏度过高，想看见的和不想看见的我都可以看见。但是，上班之后我终于发现，这个我曾经认为毫无优点的核心我特质，发挥了很大的功效。察言观色、获取反馈，对我来说毫不费力。这样似乎也挺好，大家都没负担：钝感的朋友可以去主动寻求，敏感的朋友可以隐形获取，我们各有所长。

信息的处理、取舍和整合

在得到大量的信息之后，下一步的关键就在于对信息进行取舍和整合。

面对来自各方的信息，对那些不确定或者目前并不需要着急处理的信息，可以偷个懒，不做行为反应，让子弹去飞。对值得处理的，可以对信息进行分析、整合、提炼、梳理、分门别类，并思考日后可以怎样运用。

这种对信息进行整合和取舍的能力，在传递信息的时候同样适用。它可以让我们在传递信息时对信息进行处理和筛选，分清楚哪些可以讲或需要说，哪些内容可以省略，哪些需要细致传递，而不是止步于做一个"传声筒"或者"转发键"。比如，客户对某个封面设计不是很满意，要求你向设计部传达修改意见。这时候，生硬地重复客户的不满"客户说你们这个做得不行，乱七八糟，要重做"，这种信息传递不仅是低效的，还会引起同事的不满，属于"挑事儿"。这时就需要把自己放在设计部的角度考虑，询问客户"您是觉得哪里不好？您希望我们在什么时间将改好的内容发给您"，同时，在和设计部对接的时候，可以说"客户觉得现在这一稿让人耳目一新，可以在……地方再改一下，我们来看看效果"。为了让双方都能实现高效对接和快乐工作，这样一个信息"中间商"能起到的作用是非常大的。

在信息传递的过程中，采用不同的传递模式，会产生不同的效果。面对面交流、语音通话、视频通话等口头传递信息的形式，往往更加直接、简单、有效。这样的形式不仅有利于我们更清晰地表达信息，也能让对方针对不明确的地方及时提出疑问，可以在很大程度上节约沟通成本。

当有些话难以通过口头形式表达或我们不好意思表达的时候，采用像电子邮件、工作沟通软件或是微信"小作文"等书面形式传递信息，便成了一种更为有效的方式。但是，用书面方式传递信息也存在缺点。比如，书面形式与口头形式相比缺乏一定的即时对话性，其中的误会或者模棱两可的地方很难马上得到解决。如果关系不到位，或者一方比较懒于后续沟通，可能就此就结下了"梁子"。

弹性能力 4：
表达力

> 文明在于传达。
>
> ——村上春树 《且听风吟》

表达是我们从小到大都会做的事情。我们会通过语言、表情、动作等方式来表达自己的观点、情感和态度。

我们常听到这些说法："反应慢""嘴笨""话到嘴边不知道怎么说"以及"会说话的人，一开口就赢了"。在生活中，表达能力是一个不容易被人低估的软实力，但实际做起来，我们却又可能不知从何入手。在这部分，我将通过三个层面的练习，和大家聊聊表达能力和高效沟通。

内核笃定：表达的第一步

市面上的表达提升课，多强调形式的重要性，比如华丽的辞藻和流畅的语言。这些是需要考虑的方面，但都不是关键。表达的最内核的能力，在于想明白"要说什么"和"想说什么"。你可能会说，这不是废话吗？我就是知道想说什么，但是不会说或者说不出来啊。

我鼓励你再想想，那些所谓的"爱在心头口难开"，真的是口难开吗？要我说的话，还是不够爱。只要内核足够笃定，外在困难都可以去想办法解决。口难开，对吧？可以发邮件，发微信，用行动。这些都是表达，不一定非要开口。情感只要够真，就会被接收到。

语言只是工具，反映的还是价值。价值权重不到位，语言才不到位。

举个例子，我是社交范畴内嘴很笨的人，有点儿不习惯大人世界的语境。有一次，我的好朋友在国外突发急病，需要紧急回国就医。他眼睛看不见，手脚也不听使唤，让人非常崩溃。我没有经验，找到一个朋友来帮忙。他简直就是我们的救命稻草，全程帮助我们，让我生病的朋友得到了妥善的救治。事后，我请这位帮忙的朋友吃饭，每一句表达，事后想起来都很粗糙："没有你，一切都无法想象""你是菩萨""太感谢你了，你是恩人"。我都奇怪自己怎么会说出这样的话。

说得好吗？一般般，不知道怎么表达。但表达清晰了吗？我想了想，表达得很清晰、很到位，因为我的内核很笃定，就是感恩，感激不尽。虽然外壳粗糙淳朴了点儿，但是不妨碍这是一次到位的表达。

每次说话，尤其是重要的谈话之前，大家都可以想一想，这次我想说的到底是什么？列出一两个核心的点。至于怎么说，所谓的话术，就是后边的零，慢慢提升也来得及。

倾听与接话

倾听是表达过程中非常重要的环节。我们无论是在工作还是生活中，都会有和一些人沟通起来很费劲的感觉："他怎么就是听不懂话呢？"

在倾听的过程中，我们可以使用"结构性倾听"来提升沟通效率。听的时候抓住两条主线：核心内容和核心情绪。内容方面，就是思考对方传递给我们的信息是什么，尽量不带偏见地把握对方话语中传递的核心信息。情绪方面，则需要我们去感受。为什么需要关注这两个方面呢？因为它们是相互缠绕的。对方可能也没明白自己要表达什么，或者情绪干扰了想表达的内容。这时候就需要我们去反复确认，或者让对方冷静下来。

比如，领导突然来责问："为什么项目方案做了这么久还没有完成？为什么总是不积极汇报进度？是不是效率太低？"

实际上，离提交方案的截止日期还有一段时间，你也在按照自己的计划推进，但的确在进度汇报上有延迟。从"总是"这样的用词能看出，领导在用一些修辞去表达自己的不满情绪。通过对事实内容和表现情绪的简单分析，我们就能得出对方目前对我们的诉求是什么：一、希望我们端正态度，勤于汇报；二、想知道目前这个项目具体进行到哪一步了，之后的安排是怎样的。

在获得这两点重要的信息之后,我们就可以做出相应的回应。一方面响应对方的情绪,"领导,真的抱歉,的确是我没有及时和您汇报进度,这样是不好的,我以后会注意起来";另一方面确认进展,"目前项目方案已经完成了大半,距离交稿日期还有半个月的时间,有一些细节没有完善,我们会在下周三收尾"。同时,最好可以附一张进度表给领导并询问一下对方的意见和建议:"您看看有什么具体的建议,我记下来,一并汇入工作计划,保质保量地完成我们的项目。"

这样建立在有效倾听之上的表达,可以让双方的沟通更加顺畅和高效。

还有一点要注意的是,我们在沟通中最好不要轻易打断对方。用你温暖的眼睛看着对方,让对方把话说完,是尊重对方和对其想法感兴趣的表现,也有助于建立良好的关系。有些表达欲强的朋友,在职场沟通中喜欢抢话,总会抑制不住地打断别人。这种习惯往往会让沟通"卡住",甚至就此终止。请看下面的例子。

小 A 跟领导和同事一起开会。领导先简单总结了一下上个阶段的工作,认可大家的工作成果和态度,但也表示还存在一定的提升空间。领导还没有具体展开说,小 A 却按捺不住了,举手抢话:"领导,您是不是觉得我们在团队配合上做得还不够好?这个问题其实我在工作中也感觉到了,可能咱们这个部门的同事稍微有点儿内向,平时就喜欢埋头干自己的活儿。我这个人性子比较直,有什么说什么，以后我愿意在团队中多做一些沟通协调方面的工作。"此时在场的同事脸都绿了，领导沉默不语，没说完的话也不想再继续了。

轮到小B发言的时候，他提出了一个技术方面存在困惑的问题，正常情况下应该由技术岗的同事来回答。但小A觉得这个问题自己很熟悉，是个在领导面前表现自己的机会，于是又抢话道："小B，这个问题我来说一下我的想法吧。"说完想法之后，他又看向负责技术的小C，问："小C，你说对吧？"事实上，小A因为太急着发言，根本没有听清小B的问题，又对技术方面的问题不懂装懂，不仅让在场的人都十分尴尬，还影响了会议的正常沟通进程，给领导和同事留下了特别差的职场印象。

相较抢话，沟通中还有一种不恰当的做法，就是对对方的发言疏于回应，让沟通中出现空白和冷场。

领导找小I谈话，也问了我们前面提到过的问题："为什么项目方案做了这么久还没有完成？"小I只觉得脑子一片空白：领导来兴师问罪了，我该怎么办？哪个借口是适合跟领导说的？如果不小心说错了什么，他会不会更生气？但领导看不到小I这些复杂的内心活动。从表面上看，他只能看到小I低头攥着衣角，沉默不语。领导觉得有些摸不着头脑，继续追问："说话呀，你怎么这么委屈，我也没干什么呀？"小I看到领导果然更生气了，急得眼圈都红了，支支吾吾了半天才道："对不起领导……我能力不足……要不您找其他同事来接手吧。"事实上，小I并没有消极怠工，业务能力也足以负责这个项目,但因为这次失败的职场沟通,他在对方心目中肯定是扣分的。更可怕的是他最后一句的逃避,直接被盖个"不负责任"的章也不为过。

同样,作为领导,也不要对下属的发言消极应对。比如,小 E 兴致勃勃地向领导汇报完自己的广告策划案,领导只是"哦"了一声,沟通就陷入了尴尬的沉默。看着领导锁着眉头盯着方案一言不发,十分钟过去后,小 E 如坐针毡,只能战战兢兢地问:"领导,是有什么不满意的地方吗?麻烦您指正,我都可以改进。"领导依旧态度模棱两可,不肯定也不否定,开始漫不经心地询问一些细节问题。直到垂头丧气地走出领导办公室,小 E 也没有得到一个明确的回应。其实这里领导可能是一时没能力做出判断,又不好意思直接说,并不是出于恶意才不回复。但这种沟通方式却会让员工感受到一种"霸凌"和"冷暴力",有时候甚至会比就事论事的批评伤害性更大。

我们在接话时可以把握一个原则,就是"不要让别人的话落地"。作为接话方,在别人滔滔不绝地发言之后,我们沉默,会让对方觉得特别尴尬和扫兴,甚至觉得被无声地"骂"了。就算真的没什么可说的,也可以充当"氛围组",做出肯定的回应,多点头,多注目,去认真地倾听,用非语言沟通来回应。

言辞恳切就是真诚吗?

倾听中还有一个高阶技能,就是识人。纵观学术范畴,顶刊发表也给不出什么具体的方法论，大概的逻辑是提高个人认知，接受"误差"。所谓的"心胸"和"格局"，其实就是接受自己识人、信人过程中的误差，接受"看走眼"之后的结果，能撑起来这个烂摊子。我们去识人，无非靠两点，这两点在关于信任的学术研究中也反复出现，一点是能力层面的判断，另一点是情感方面的考量。放在真实的职场环境中，我们很容易因为情感的考量忽略或淡化能力的强弱——先别不屑，你仔细想想，自己有没有这方面的喜好。一个下属A，总是笑脸相迎，说着让你舒心的话，每次相见，都让你如沐春风。忽然有个机会，A、B两个人二选一，B的能力比A强，你是不是会想把机会给A？

你可能会问了：给A有大错吗？有时候，人际交往也是一种能力。A可以把领导哄好的能力，是否可以迁移到人际之间，以及他的发心如何，判断起来可能更棘手。

关于这点，孔子有自己的独到的见解。子曰："论笃是与，君子者乎，色庄者乎？"简单来说就是，言辞诚恳的人究竟是真君子呢，还是仅仅看起来是个诚恳的人呢？

说到这里，我不免联想到金庸笔下经典的伪君子形象——《笑傲江湖》中的岳不群。岳不群在江湖上人称"君子剑"，表面上是个温良恭俭的谦谦君子，满口仁义道德，内里却是个心胸狭窄、机关算尽的小人。书中很多人都是因为被这个伪君子的外表蒙蔽，才走向自己的人生悲剧。男主角令狐冲一直把岳不群这个师父当作父亲一般敬爱和尊重，但岳表面是个德高望重的严师慈父，背地里却对令狐冲各种打压和陷害。他打着正义的旗号把令狐冲逐出师门，又陷害他偷了《紫霞秘籍》和《辟邪剑谱》，让他遭到同门和天下正道人士唾弃。但后来，眼见令狐冲武功大成、声名鹊起，他又假意向令狐冲示好，并对夫人道貌岸然道："这小贼人品虽然不端，毕竟是你我亲手教养长大，眼看他误入歧途，实在可惜，只要他浪子回头，我便许他重归华山门户。"他装作宽大为怀、大人不记小人过，实际只是想哄骗令狐冲在比武中输给自己，并拉拢他重归华山派，壮大自己的势力。令狐冲一生为岳不群的"养育之恩"和假仁假义绑架，无论受到师父怎样的恶待，也不愿意说一句不是。直到小说的结尾，他才彻底看清了岳不群的真面目，而他一生坎坷悲凉的境遇大半是拜这个他从小敬仰的师父所赐。就连岳不群的亲生女儿岳灵珊和夫人宁中则，也是被他的表象蒙骗，被他戕害了一生，最终更因为被他的阴谋算计所累而凄凉悲苦地死去，令人叹息。

电视剧《雍正王朝》中的八王爷胤禩也是一个很好的例子。胤禩对身边的人都非常客气，言辞诚恳，说话在理，替人着想，见了谁都是一副好面孔，这就使得他无论是在王爷、阿哥还是朝廷官员中都人见人爱，声望很高，人称"八贤王"。二阿哥胤礽的太子位被废后，康熙爷提出让大臣来推举太子，以大学士富察·马齐为首的一众权臣，一致推举八阿哥为新的太子，可说是"众望所归"的提名了。

但四王爷胤禛没有被八王爷营造的假象蒙蔽。在他看来，既然是夺嫡关系，八王爷就是死对头，他所展现出的和善、好人缘，只不过是在收买人心，他就是那个"色庄者"。其实，在康熙眼中，胤禩也并不是本性纯良，而是自作聪明。他无缘无故对兄弟手足、满朝文武都这么好，自然是在拉拢人心，拉帮结派，没安好心，而这是皇子的大忌。所以在康熙眼中，这个儿子并不是真正的君子，而是一个表里不一之人。

所以我们也不难看出，看起来谦和有礼，有如君子，不是什么坏事。关键是，这一切的表演之下，心意是否正。心意正，表演是在呵护心意。心意不正，一切就都变了味道。作为逐步成熟的职场人，我们需要做的一方面是自己正心正念，另一方面是像康熙爷那样，提高自己的判断力，识别"色庄者"，在对话中放过他们，在决策中解救自己和组织。

表达：内容和情绪的合体

和上面说的倾听一样，表达也分为内容和情绪两方面。我们经常在各种课上听到，沟通的本质不在于发泄情绪，而在于双方有效的信息传递和问题解决。但其实，发泄情绪也是表达的一部分。换句话说，所谓的吵架，也是一种沟通，并且可能是高品质的沟通。但在大部分情境下，我们远远不会用到情绪这个武器。当我们带着消极情绪开口的时候，很容易出现不理智的发言，扭曲自己实际想要表达的意思。

除了注意表达的情绪，内容的保真还需要认真的准备，明确这次沟通的目的是什么，可能涉及的工作内容有哪些。比如，这次需要就工作方案进行沟通，那么现在的进度是怎样的，遇到了什么样的困难，需要帮助的地方有哪些，可能的解决方案有哪些……这样有条理地把内容事先准备好，那么在沟通的过程中，对方也就容易跟上我们的思路。

在沟通的过程中，还要注意说话的逻辑。先讲明目的、背景、问题所在，再沟通希望对方配合去完成的事情。搭建起这样的框架之后，先说最重要的信息，确保能够充分沟通到关键内容，再将关键的细节拎出来。举个例子，目前项目的推进需要联系一个资源，这次沟通就是在向领导寻求帮助。那么向领导介绍完当前项目进展情况之后，首先要抛出的就是你今天的主要诉求，要就这个问题和领导讨论是否有切实可行的解决方案，而不是先谈这个项目牵扯了你多少精力、团队还想加人这些不重要的事情去模糊背景。

最后有一个有意思的维度是，表达的时候要不要讨好别人，给情绪化妆。我的感觉是，在职场上，这是一项很个人的选择，如果可以一直保持讨好，其实也不错，算是持续提供情绪价值，这在职场上也是一个可以上升的人设。但是，放在当代职场和青年人群中，就有个很大的风险：我们这么做以后，对方的阈值会提高，那么能做到一直和善、讨好，可能是个更重要的实力。大部分人是一阵一阵的，就像是快没电的磁带机，吱扭吱扭的有点儿滑稽。关键是，这也不厚道啊，你倒是一直给啊，半截跑了算怎么回事儿？孔子不也说过吗？"巧言令色，鲜矣仁。"意思是，这种人的仁心就很少了，耐心也不多，不持久，撩完就跑。我估计孔子也被坑过。

频率：沟通的重要维度

"低头做事，完成之后一次性汇报""遇事再说，平时也没必要沟通"，这是一些职场人的写照。会有一部分朋友觉得，沟通这件事情可以放在取得成果、得出结论之后再做。但事实却是，多沟通才能打好工。

沟通频率的提升可以帮助我们在职场中拿到属于自己的主动权，同时获得最珍贵的关系礼物：信任。

不少人会觉得，这不就是在人前刷存在感吗？领导已经很忙了，他们不会觉得我总去汇报很烦吗？这种担心是多余的，不要不好意思"麻烦"领导。我们可以想想，自己平时网购下单之后也要时不时查看一下物流进度，清楚自己的包裹到哪儿了才比较放心。领导也是普通人，交代任务给我们之后会不想了解进展吗？这是人之常情。领导交代的每件事情，都有汇报、有回响，这就叫"靠谱"。靠谱就是信任建立的抓手。

再举个例子，领导给你布置了三件事情，在你看来这三件事情都刻不容缓，但精力只允许你在一定时间内完成一件事情。一些人会手忙脚乱地开始三件事情一起抓，结果哪件事情都没做好；也有些人会选择按照自己的想法先做一件，结果领导转头就要另一件的结果。当你意识到自己没有精力同时抓三件事情的时候，主动交流就很重要。你可能会想：这不会让领导觉得我能力不行吗？一般不会。即使会，你也要去沟通，因为这个成本远远小于之后的失望成本。

交流的时候，尽量不要无脑抛问题，而要带着自己的思考和方案去交流。一方面，让领导知道你目前的困难和顾虑，向他寻求支持和帮助；另一方面，也让对方了解你的工作思路，获取一定的掌控感。可以和领导说："目前我手中的这三项工作，我觉得第一件事比较急，因为明天就要用到，我会在今天完成给您过目；第二件和第三件可能需要更长的时间，我会尽量在这周之内完成。您看这样安排可以吗？"

你这样将思路表述清晰后，领导如果觉得安排不妥，也会直接点明。这既体现了你积极的工作态度，也能让领导看到你的计划性和执行力。

公开讲话：刻意练习的艺术

公开讲话是每个职场人都要面对的"必修课"。述职会、座谈会、行业会、年会甚至是公司团建上的发言，都属于公开讲话的范畴。在这些场合，即使不需要让自己脱颖而出，也不能表现得太差、掉链子，让重要的人觉得咱们上不了台面。但对"社恐"人士来说，公开讲话就像是公开"处刑"，一张嘴，大脑一片空白。有什么办法呢？

我想跟大家分享一些我自己的心得体会。其实没有什么捷径或者妙招,就是反复说,让自己脱敏就好了。我小时候特别恐惧发言,于是我就给了自己一个任务:每周主动说一次。慢慢地,情况就有所改善了。如果是重要的发言,反复的练习更是非常必要的。相较对着空气或镜子练习,用手机录像是一个更好的办法,一方面可以把镜头假想成观众,一方面可以从观众的视角回看,找到提升自己表现的地方。

可能有朋友觉得,我都是 N 年的职场人了,这小伎俩不适合我。我不这么认为。只要是公开讲话,反复练习就是绕不过去的好办法。我读博士的时候,第一次被练习的重要性震撼,是亲眼看到一位资深的学术大佬在背诵和演练一次演讲。他还买了比萨邀请我们这些学生去当观众,给他提意见,帮助他提高。

另外,我也想给大家解解压。有时候,我们公开讲话的困难不是因为口条问题,而是因为一种完美主义心理在作祟——害怕出错,担心自己表现得不够好。这种时候我们可以调整一下自己的心态。其实职场中的讲话又不是演讲比赛或者辩论比赛,让人觉得自己"有声音"和"可信"比"能说会道"更重要。我们可以自己设定一个发言的频率,比如每两次会议说一次话,这样一方面可以保持稳定输出,不做透明人,另一方面可以打破自己的完美主义幻想。反正说都说了。我就是个可以发声、不完美的人。我不乱说,愿意说,就足够了。毕竟,我们练习讲话,是想呵护自己的"可信"特质,保持发声的习惯,而不是去上演一场油嘴滑舌的大戏。

在这里,我也想推荐有公开讲话恐惧的朋友去看看《国王的演讲》(*The King's Speech*)。这部荣获奥斯卡金像奖的电影改编自真实历史事件。片中，患有严重口吃的英国国王乔治六世在语言治疗师罗格的帮助下刻苦练习、战胜心理障碍，最终不辱使命，在第二次世界大战之前面向整个英国发表了一场流利、鼓舞人心、呼唤和平与正义的演讲。看着这个没有主角光环的国王站在台上紧张得一句话都说不出来的样子，我们很容易想起在各种公开讲话中窘迫不堪的自己。更有甚者，他的演讲一旦失败，他就会被全英国的民众耻笑。相比之下，我们在职场上讲话时不小心忘个词、说错点儿话，又算得了什么呢？面对这个"史诗级"的艰巨任务，乔治六世不能摆烂和后退。因为往大里说，这是国家和民族赋予他的使命；往小里说，他也不过是想扮演好"国王"这个角色，胜任这个岗位的职责而已。这不也正是我们当代职场人的"初心"吗？

最后，在核心我的姿势和体态部分，我们也提到了，别小瞧具体动作的力量。例如，深呼吸、原地跑跳一下、按压腋窝、扩展自己这类动作都可以有效缓解紧张。大家下次上台前可以试一试。

非正式信息：高效率的职场表达

前面也提过，在职场上，除了一些正式的工作交互，闲聊也有可能是一种有效沟通和让信息流动的方式。在电梯里遇到同事、中午在食堂吃饭的时候聊到不熟悉的话题、出差路上偶遇点头之交的客户……在这些场合中，我们不得不开展一些社交聊天。这里的闲聊,"闲"的是环境和场合,"聊"什么则让人绞尽脑汁。一两分钟的电梯闲聊可以是"您去买咖啡呀""今天路上不堵哈""这两天天儿热了"……但时间拉长到十几分钟,甚至是几十分钟的时候,谈话就很容易冷场和尬聊,也不能达到发展关系的目的。

在话题的选择上,我们其实可以跳出诸如天气、交通、住所这一类通用内容的桎梏,从每个人的不同特点出发展开对话。在过程中,闲聊可以伴随着称赞。真心而具体的赞美,可以让双方都感到愉悦,给关系铺垫一种友好的背景,也是加速沟通效率的润滑剂。比如,在办公室和同事闲聊时,如果看到她工位上有一些盲盒小摆件,可以聊聊"你喜欢这个盲盒呀,抽到这个太幸运了吧,我看他们新出的那个系列特别可爱";或者,如果看出对方最近瘦了结实了很多,可以称赞她:"最近看你瘦了这么多呢。是去健身房,还是在家有氧了?"

这里再给大家一个小提醒:大家可以有意识地去培养一些和工作完全没有关系的个人爱好,比如跑步、羽毛球、乒乓球、攀岩、飞盘等运动类的爱好,或者喝茶、做陶器、烹饪、研究球鞋、拼乐高这一类与吃喝玩乐相关的活动。这些爱好,可以让我们在和人交流的时候多一些话题。话题线头多了以后,我们跟别人的连接就不再是冷冰冰、硬邦邦的了,别人会觉得我们是一个 3D 立体鲜活的人,氛围感就容易建立,沟通效率自然就会更高。

小练习

好玩爱好清单

和职场无关的爱好,反而能帮助我们高效获取信息。结合自己的职场情况,列下一些想要加入的爱好群组吧。

-
-
-
-
-
-

职场沟通小妙招:"嗯嗯"

在日常管理中,我还是挺严肃的。多年前课题组有个同学,在微信对话中特别喜欢跟我说:"嗯嗯,好的。"后来,在他的"培养"之下,我和谁沟通都喜欢说"嗯嗯"这两个字。多年过去,他也是一所大学的副教授了,我们俩还在合作,还在"嗯嗯"。

我也由此发现了一个有意思的规律。线上文字沟通时,如果对方说话比较硬、有点儿不耐烦或者不友好,我们就可以用"嗯嗯,好的"去回复。这之后,神奇的事情就会发生,不仅能让对方缓和态度,还可能让对方在你的影响之下不知不觉地也打出"嗯嗯"两个字。有时候我都会觉得这样的对方很可爱,因为我能想象,他在真实世界里很可能是说不出这两个字的。

这是什么魔力呢?这是人和人之间创造的一种语言习惯上的氛围感。很多时候,我们去办事儿办的也是个氛围感。氛围感到了,事情就会水到渠成。

弹性能力 5：领导力

> 得道者多助，失道者寡助。
>
> ——《孟子·公孙丑上》

"领导"这个词在年轻人的世界里是有原罪的，但领导能力不应该是。任何一本管理学教科书开篇就会告诉我们，领导并不一定有领导力。没有领导力的领导是下属乃至整个团队的灾难。

遥想 2012 年，我的第一篇正式发表的学术论文，话题就是"真我领导力"（authentic leadership）。当一个领导可以真实地面对自己和所处团队的目标、优缺点、欲望与诉求，并且在日常工作中充分地、有道德地践行这个"我"，这会带给团队和员工积极的影响。这个无心为之、以发表为起点的选题，其实奠定了我自己的领导风格——充分了解自己和团队的情况，践行所念，带着大家一起在混沌中向前走。

在学术的世界里，学者们会把领导力分为多个种类去探讨：变革型领导力、授权型领导力、魅力型领导力、交易型领导力、谦逊型领导力、服务型领导力、道德型领导力、悖论型领导力等等。在实践的世界，哪里分得了类别？我们能拥有的是刻着自己 logo 的领导力。我在当班主任带本科生的过程中，在大一的班会上就会鼓励大家琢磨这件事情，在各种活动中去充分地碰撞和体验属于自己的、有效果的领导风格和行为。

随着组织越来越扁平，领导力的需求并不专属于那些有领导野心的朋友。更多的年轻人会遇到一个新的难题：不是领导，如何带人做事呢？在职场上，可能自己的直属领导大手一挥：你们几个，一起做×××，小王，你负责一下。这时候，小王该怎么办呢？这里的情境——和同事合作做重要而艰难的事情——需要的正是领导力，学术上叫"横向领导力"。如何带着这种能力去促进合作，去"成事"，几乎是每个职场人都需要研究的课题。

拥有更多、更"我"的领导力后，你的目标和职场，会变得更不苦、更舒心，这也是一种中庸我思维。在混沌中，继续认清自己，在复杂的情境里，找一个做自己的空间，并让这个"自己"通过一系列弹性能力活起来，更有情境价值。

领导力每个人都有点儿，差异只是谁多谁少，谁的更有效果。我们大部分人的领导力，是成长过程中从父母、老师、初入社会时的领导等权威那里观察来的。我的领导力的启蒙人是我的妈妈，包括在整个职场生涯初期，我的启蒙人都是她。她是一个很神奇的人。从我记事起，她就会不断给我讲单位的事，谁当领导了，谁被排挤了，谁扔锅甩锅又砸到脚了……我可是个几岁的小孩啊，这都是什么故事？她哪里来的自信？至今，我还对那些常常听到的名字记忆犹新，里面有同事，有领导，有其他单位的人，有"系统里"的人。这些故事也不都是真善美，还有好多假恶丑。

现在想来，我听这些"故事"，是在用别人的经历去思考：为什么一个办公室中这个人就能升上去当领导，他是有什么过人的本事吗？为什么那个人会受到大家的排挤？是职场霸凌吗？听着这些"故事会"，似懂非懂地想着大人们的职场，这就是我的职场启蒙。

我妈妈是一个目标感很强烈的人。从她那里，我还学到了如何给自己的性格在现实世界中找到安逸自在之处，如何用能力去呵护自己的核心我。一个性格比较软的人，如果没有获得弹性能力的加持，在社会范畴里很可能会沦落到"被人左右、耳根子软、想对所有人都好但最后谁也不觉得我好"的下场。这点我在很小时就意识到了，之后就是各种碰撞的漫漫长路。

至于正统的管理学和领导力，我是在商学院学到的。说到这里，你可能会撇嘴，"看书学管理"？能行吗？如果是20年前你问我，我会低下头，逃避你的眼神。现在，我会笑一下，肯定地告诉你，可以的。

这种自信从哪里来的呢？我访谈过近百名企业家、千余名职场人，"看书去揣摩领导的能力"是一个共识。告诉你看书没用的人，你可以离他们远点儿。但是，这里还是要提醒你，书里看来的东西，要和实际生活充分交互，让它变得有用。我的领导力实践，是从带学生开始的。你可能会说，在学校里算啥，瞎弄弄也可以。其实并不是的。学校里的团队，想糊弄容易，但想达成有效能的管理很难，非常考验人的领导能力。

学校里的导师没有真正的权力，甚至连资源都会受到限制，唯一所谓的权力，是互联网上说的"不让学生毕业"，但对一个以学生为中心的人来说，这个武器是不存在的。在这种情况下，如何管理一个30余人的团队，如何吸引、招募、甄选、激励以及分流，如何带着各种各样的人去做一些我认为好的事，如何克服人性的弱点，如何解决危机、处理烂摊子……我的职场生活中每天都充斥着这些事。从结果看，我的团队的人均产出，在行业里是领先的；学生的出路，是优异的；我的感觉，是不痛苦的。

管理之痛和团队不利的烦恼，并没有那么多，这点让我很自豪，也让我有了想要和在实践中摸索的年轻朋友们谈谈领导力的信心。不管方法是什么，领导力都是我们培养弹性我时需要刻意学习的一种能力。

领导力的维度

因为这本成长书的定位，我不打算把"总裁班"的内容照搬到这里。这部分要谈的，是更适合年轻的职场朋友们，可以让我们有意识地去观察、学习和发展的方面，分为六个维度来展开。

利益与核心我的交互

说一千道一万，大部分人出来工作时都是有所求的。所以，作为一个领导，在自己的权限范围内，往大看给大家分好钱，分和大家贡献成比例的钱，往小看在日常的工作中给大家谋一些福利，这就是一切所谓领导力的源泉。

把这一点抛开，去讲愿景、讲未来，是很可笑的。不要把自己理想强加于别人。如果强加，那就要把别人的核心我也拿来照顾。对万千普通人来说，钱不肮脏，它很重要，因为不少人核心我中的野心，就是有一个温馨的小家。钱和利益对这个核心我来说，很纯洁，也很伟大。

同样，对创业者来说，也不要觉得给员工发工资，员工就必须感恩。市场经济下，双方是互相感谢的。给员工发工资不是施舍，是对方付出核心我所应得的。如果你觉得他不配，那大可以解除交互，不需要绑架别人。假设在困难时期，员工愿意去降低薪水共患难，这才是恩情。情况好起来以后加倍奉还，滴水之恩涌泉相报，更多的善缘才会积攒起来。

当然，对打工的我们来讲，道理也是一样的。平行交互，拿钱办事，互相理解。吃饭砸锅的事情我们不干。

建立信任和正向闭环

在职场上，我们常能听到这样的吐槽："领导天天盯着我干活。他越盯着我，我越是一身反骨，越管我，我越不想干""工作气氛真的好压抑，大家都不交流的吗？""明明是我可以负责的项目，为什么领导分给了别人？""领导怎么非得看到我才觉得我在努力呢？分明我回家也干活了啊……"这样的吐槽背后，反映出的是领导对下属缺乏信任。

其实，领导这样也很累，但他也没办法。为什么会这样呢？该如何破局呢？要想达成双方都满意、都省心的局面，领导要有意识地去在员工心中植入两个信念。

第一，我的领导，是一个值得信赖的人。他说的话不是开玩笑，他的决定是真的决定，我们需要执行这个决定。只要我尽力去做了，他就会肯定我。如果因为这个决定，我们错了，或者没有做成，他会兜底，去面对一切，不会把锅扔在我们身上。

第二，我的领导，是一个信任我的人。他让我做事，就会百分之一百地相信我。他不能接受我们的"等、靠、要"。我们如果等着拖着，事情就只能往坏了走。如果我们的不作为导致失败，他不会为我们托底，我们要去承担一切严重的后果。他很严厉，也很公平。

那么如何根植这两个信念呢？需要做到以下几点。

第一，信任是一种能力，考察的是一个人的见识。在日常生活中，要多多学习，有意识地提高自己的见识。我所见到的有效的领导，都是非常擅于也乐于学习的。在我们访谈和交流的过程中，他们的状态不是那种"来，我来给你上一课"，而是"咱们交流一下，我来学习一下"。这两种态度下的获得感是不同的。只有不断丰富自己的认知，才能更好地做好判断，真正做到"笃定"和"信任"。

第二，做事件和决定的第一责任人。一件事情是做好还是做坏有很多因素，不能一出事儿就跑，那就成了曾国藩所说的"凡说话不中事理，不担斤两者，其下必不服从"。作为领导，要敢于承担后果。先承担，再追责。这是一个很重要的建立信任的办法。人与人之间的信任只有一次，被骗了一次以后，下次感受就会打一个大的折扣。

第三，装傻充笨。优秀的领导人难得的品质是让人觉得可靠又愚蠢。领导无须和下属争聪明，这也是初为领导或初期承担领导职能时，大家经常走的一个弯路。大部分人晋升为基层领导，是因为性格要强、技术好、能力不错，但是当了领导以后，你会发现，仅仅是能力强，并不能一步服人。一旦大家不服，部分朋友就会想要压每个下属一头，事事争先，事事我最聪明，事事我都对，进入一种对立、硬杠的模式。领导这样管理的话，下属很容易觉得"好的，你都对，你都行，那你行你上吧"。于是，真正干活的人就会越来越少，愿意承担的人也会变少，小领导就会当得越来越累。

一定要管住自己！不要觉得别人干活都不如你，于是就事事亲力亲为。我们算个账：比如说，你的能力是10分，至于那些你觉得不如你的人，他们的能力是5分，但是一个团队可能有5个人，$5×5=25$，也比一个人的10分强。更何况，好的领导力可以激发人，可以产生化学作用，可能5个人会形成30分的力量。在不好的领导力影响下，大家队内一内耗，这个数值就缩成15了。从这个角度看，一个团队不出活儿以及氛围不好，和领导有直接的关系，领导这个锅背得不冤枉。

还有，就是要装得了傻、容得下人。这点弹性是需要培养的。

大家都是不完美的，尤其是公司一大，各种人都有。要学着抓大放小，眼里容得下沙子、容得下人。管得住自己的嘴，不要什么事情不分大小，看到就说。吃得了亏，是驾驭权力、不被反噬的关键。

既然走上了新的岗位，就应该有更宽广的心胸。要承认这一点或者给自己洗个脑：我一个人的力量是有限的，大家很棒！

不该问的不问，在过程中抑制住自己的好奇心，掐着自己的大腿，把握好关键的节点，奏出自己的曲子，跑不跑调都没那么重要了。毕竟，我们是原创歌手。

植入集体的核心我

目标是一切管理的基础。一个团队有共同的目标和坚定的方向，心往一处想，劲儿往一处使，都朝着一个方向努力，才能发展好。对目标的植入首先需要自己有信念感。不管公司发展得如何，管理团队就是定海神针。坚定的信念感，可以稳住一切。

这有点像一种集体层面上的"核心我"。同时，重要的是给团队成员正向的目标拉力，毕竟架在空中的企业愿景，对员工来说并没有很直观的感受。拆分目标的过程，是领导与员工就目标达成共识的过程。只有将企业的目标分解成与员工相关的个人目标，把集体的核心我和个人的核心我统一到一个对话空间，协调出一个方向，才能实现员工的自我管理。

具体到工作中，领导们需要去锻炼两种能力。

第一，合理地设置目标的能力——远离"罪恶"的OKR（目标与关键结果法）。

目标一定越高越好吗？

现在流行一种上班风气，各部门比拼着设置明知道完不成的OKR，而领导们也乐见其成，毕竟一展开大表，每个部门都想超越过去，实现50%以上的增长，这是多么欣欣向荣！但是这样下去，会出现一系列的问题和隐患。

首先，内部会出现恶性竞争。要想完成这个OKR，各个组就需要去争取更多的人力、物力来做这件事情，那么如何插队去让自己组里的需求得以实现，就变成了公司内部小领导们的内耗。其次，想要完成超越能力的OKR，就需要去越过一些流程，比如检验、复核、内审这类流程，那么最后交付的项目就可能有问题。"先完成了再说"的代价就是，之后大家需要花大量时间去收拾烂摊子。而锅谁背呢？谁弱谁背——年轻人、实习生、部门最弱的那个，就是可怜的背锅侠。

日复一日，在OKR的追赶下，大家看似很忙，都不划水了，但有效产出并没有实质上的增加，只有表面的繁华。

固然很难说这种局面里的哪个人是完全无辜的，但基层领导的作为其实很有限。他们改不了公司的制度，在这场跑酷比赛里也是被迫上场，根本停不下来，也不敢退赛。这种时候考察的是高层领导的定力——能够促发增长是能力，能够稳定增长、合理增长也是能力。当然，他们可能被卷入资本的大潮中，也是身不由己。所以说，职场里的问题很复杂，说不定蝴蝶的翅膀本身就处在暴风眼之中。

第二，合理地布置任务的能力。

"他让我提想法，却从来不采纳。他叫我过去问我意见，我说完，他阴阳怪气呵呵一笑。每次催得要死要活的东西，我连夜不吃不睡赶出来了，他两天以后才审核，然后说放一放。"

这是一个朋友对自己领导的吐槽。

你说这样的领导，下属谈得上信任他吗？我们在日常布置工作的时候，不要玩"狼来了"的游戏。不少人当上领导之后，害怕下属闲着、工作量不饱和，顺便想显示一下官威，于是动不动就来一个紧急任务，但其实最后人家也能发现，根本没有那么急，或者根本不是必须做的。

之后这种领导再分配任务，就会让人怀疑：这次是真要还是假要？到底是做还是不做？

分配资源，激发人性的野心和善意

想从别人身上收获些什么，首先要做的就是为别人付出。在一个团队资源有限的情况下，怎样分配资源，才能让大家愿意"死心塌地"跟着你？这里有一个基本原则，就是让所有人，在你这里和你做事的时候，都能"占便宜"。也就是说，社会交互的时候，对方是划算的，对方的核心我是充裕的。即使结算并不及时，但是因为有信任在，所以对方相信，自己需要的，日后会返回来。"我的领导是不会亏待我的"这个信念是很重要的。有了这个信念，领导力才能撬动真正的执行力。

不少知识型工作者走上领导岗位以后，觉得特别不适应，不知道怎么和与自己教育背景、生活背景不一样的朋友去打交道，会觉得对方不可理喻，自己鸡同鸭讲。《庄子·秋水》里也有类似的说法："井蛙不可以语于海者，拘于虚也；夏虫不可以语于冰者，笃于时也；曲士不可以语于道者，束于教也。"大概意思就是，道不同不相为谋，少来往为好。

道理是这个道理，但放在职场上，我觉得一个有诉求和野心的人，都需要攻克这个心结。不能被这种伪精英式心魔给困住。所谓的向上攀登，就意味着管理的宽幅变大，人的多样性更广泛。把彼此形容成冬夏不容，对发展和交互一点儿好处没有。那怎么办呢？

回归人的原始诉求。无论和什么人都可以聊利益，这是管理人的大秘方。但就是这一点，能做到的领导也不多。下属努力加班完成领导布置的任务，最后领导一句简单的"辛苦了"，这件事情就算结束了。有的领导甚至连句像样的话都没有，情绪价值都懒得提供。对方的辛苦，没体现在调休上，也没有加班补贴，更没有日后晋升机会的倾斜。这笔账不清不楚，不明不白。有的领导像是个失能的大数据机器，录入不对，大部分数据丢失，算法也不对。那你说，下次面对这样的事情，下属避之不及，抱怨连连，不想付出，划水至上，这怨谁？

在我所带领的团队中，怎样分配有限的资源，也是一个重要且困难的事情。"换位思考"是我常用的一个方法。不同人的诉求是不一样的。有的人想要尽可能多的发表，为未来申博做准备；有的人想要积累更多的实践经验，为未来的职场打基础；也有的人别无所求，就是想要顺利毕业，拿到文凭……站在对方的立场上去思考，想想他可能在苦恼什么、期望在我这里得到什么，至少试着去拼凑一下对方的核心我，再去考虑我能为他提供什么资源，可以为他的核心我提供哪些方面的助力。是可以让他深入参与到我的课题组研究中，还是可以指导或安排他参与某些企业实践和实习？这样做可以最大限度地激发大家的积极性和主动性。有好的产出、好的出路，对导师和学生也是一个双赢的结果。

这里还要指出一个在资源分配讨论中经常被忽略的难题——如何对待野心十足、能力强的年轻人。在我的 MBA 课堂上，有中层领导分享过一个故事。她在刚刚当上基层领导的时候，来了一个职场新人，方方面面无可挑剔：学历背景强，有理有节，有想法还有执行力，合作能力也很棒。一开始她是非常有危机感的，觉得完蛋了，这就是竞品，早晚得把自己替代了。之后经高人指点，她想通了一件事：这样的人，你是阻碍不了的，她早晚得上去。与其压制，不如扶她一把，日后还是自己的真人脉。想通以后，她就处处提携这位下属。如她所料，这位下属用了 8 年时间，就比她高了两级。在公司裁员并岗的时候，一句关键给力的话，让她职级不降反升，还分管了更好的业务线。

开会的能力

毫不夸张地说，开会和去找领导谈话，是很多职场人"深恶痛绝"的事情。调查显示，有 48.44% 的职场人认为"频繁开会"是一份工作中难以忍受的特质。

从大学社团的夜间会议，到研究生期间的组会，再到上班之后大大小小的周会、月会、销售会、项目会、选题会、产品会、成本会……有的人戏称，自己的公司是"会务公司"，"我上班都在开会，活儿只有加班的时间干了"。

说起开会，大多数人内心是拒绝的。

这里我要说一个超出大家一般想法的观察。作为领导，要想自己主持的会议别人不痛苦，最大的功课是修心，多做好事，结善缘。这样就容易有一个丰盈的自我，不至于空虚无物，要靠开会去抱团取暖，感受自己在人世间的存在。

我作为一个内向的人，是非常不喜欢开会的，但是，据大家反应，我的开会水平还可以。那么站在一个领导的角度，要怎样高效率地主持会议呢？除了上面说的，要打心眼里想要高效率之外，我还有两个原则：不开无准备的会和开会少说废话。

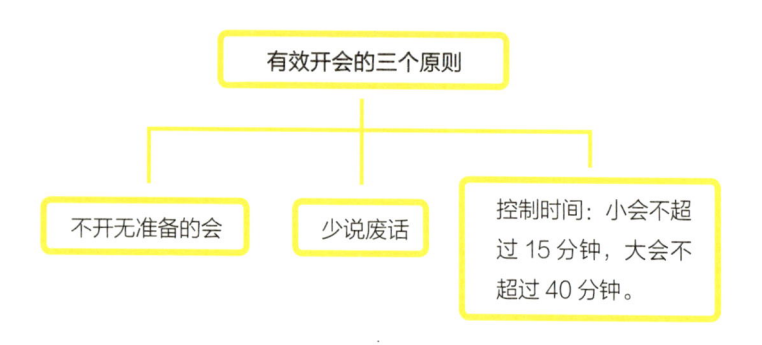

```
         ┌─────────────────┐
         │ 有效开会的三个原则 │
         └─────────────────┘
                  │
      ┌───────────┼───────────┐
      │           │           │
┌──────────┐ ┌────────┐ ┌──────────────┐
│不开无准备的会│ │少说废话│ │控制时间：小会不超│
└──────────┘ └────────┘ │过 15 分钟，大会不│
                        │超过 40 分钟。    │
                        └──────────────┘
```

首先就是会前的准备。我们在开会过程中，常能听到一句话"我想到哪儿就说到哪儿了"。这样准备不充分，甚至是在没有准备的情况下召开的会议，不是有所遗漏，就是无法解决问题。会议需要传达的思想、讨论解决的问题，都是需要在开会之前就做好准备的，这样才能保证会议高效、顺利地进行，不浪费大家的时间。

其次，就是开会少说废话。我相信所有人都很讨厌参加那种废话连篇的会，但是大家有没有想过，为什么这些原本讨厌又臭又长会议的人，走上领导岗位以后，就开始"废话文学"了呢？这就说明，开会这件事情，是一种能力。有一次，我主持了一个行业论坛，来参加的都是"总"，一共 10 位。要求的分享时间是每位 15 分钟，你们猜猜有几个守时的？只有一个。还有一些在 10 分钟的时候，刚讲完三点中的第一点。可以想象，这些朋友在公司开会的时候，下面的人得多痛苦。

作为一个团队的领导，无论是开几个人的会议，还是几十人的会议，都要做到简练而准确地表达会议的意图和目的，如目前出现的问题、接下来调整的方向等。寒暄暖场 2 分钟后，就直接切入正题。冗长的开场白、对过去峥嵘岁月的回忆、对未来美好愿景的画饼，这样的"废话文学"就是在浪费时间，远不如规划好当下来得直接。

最后，开会要控制时间。大家可以规定一个开会的统一时间。比如，我就有两条线，大会 40 分钟，小会 15 分钟，不开超长会议。我喜欢的公司乐高的历史上，曾经有一位传奇的领导巴利·帕达（Bali Padda）。他自 2003 年开始参与乐高的运营，2005 年起担任乐高的首席运营官，和同事们在 18 个月中让乐高扭亏为盈，在公司的发展历史上发挥了重要的作用。他要是不那么厉害，估计我现在能拼的积木种类就没这么多了。帕达就有一个习惯，每周五的周会，他都会把时间控制在 30 分钟内（特殊情况下可以延到 40 分钟）。他不接受迟到，开会时间一到，直接锁门。

当然，我也听过一种说法，开会联络感情，冗长的会议意味着感情的升温。

至今我也没理解这里面的深意。

一对一谈话的秘密

作为领导，我们不可避免要与下属进行一对一的谈话。这既是一种管理的手段，也是一种沟通的重要途径。在过程中，真诚是非常重要的一个底层价值。这种一对一的谈话，也是很好的建立信任的方法。在谈话过程中，可以把自己了解到的一些对方的误解和心结去说开，不然心里堵着事情，很影响工作的推进。

在沟通的顺序上，领导要注意不要单向输出，变成一种"小会"。要尽量鼓励下属多说。如果有想要和对方探讨的地方，也可以引发对话，而不是一味说教。比如，可以说："我看到你上一个季度的付出，也体现在了你的绩效考核上。你的整体成绩和业绩有了大的提升，很不错。在过程中，有什么需要我协调和辅助的地方吗？"一般对方都会说点儿什么，可以借着话头去和对方聊一聊，要坦诚，但不要指责。这可能是领导力很重要的一个方面。既能让对方反思，又不会引人逆反，是一种艺术。

还有一个我在工作中常用的谈话技巧。如果遇到内向心比较重的同学，又想要聊一些提升性的事情，一般我会在开头把话题引到自己的身上。比如我想问进展，我就会说："我这人特焦虑，忍半天还是想问一下，咱们进展怎么样了，嗨，我就是喜欢瞎着急……"

弹性能力 6：
展示力

> 我从事一项前无古人、后无来者的事业。我要把一个人的真实面目全部地展示在世人面前；此人便是我。
>
> ——卢梭 《忏悔录》

展示自己的能力和价值可以帮助你在职场上获得更多的机会，也是呵护核心我野心的重要途径。调查显示，有 31.88% 的职场人不知道如何向领导展示自己的工作能力。据我的观察，除了不知道，更要命的是觉得形式上的东西不重要，尤其是因为我们从小接受到的教育一直是"要听话""少惹事""枪打出头鸟"，甚至我们整个文化的底层都很"内敛"，所以潜移默化中，大家会觉得内在美比外在美更值得投入精力和心思，或者说，瞧不起"花拳绣腿"。

但实际上，内容重要，形式也重要。在我们管理心理学的范畴里有一个术语，叫"印象管理"（impression management），讲的就是如何通过一系列的手段，去经营自己在职场重要人士心中的印象。例如，在求职的过程中，简历和求职信就是印象管理的开始。

表面上，它们是在展示你的教育背景、工作经验、技术水平和过往成绩，实际上，它们凸显的是你的能力和价值。

求职面试

在求职面试的过程中，一页 A4 纸容量的简历制作是非常重要的一环。这个功课的目标是，让别人看到我们的好。我的学生里不少资深 HR，他们基本的观点是：初筛的 100 份简历里合格的可能不到 10 份，而初筛一份简历的过程往往很短暂，甚至只有十几秒。那么问题就回到了求职者身上，我们如何做一份能让面试官眼前一亮的简历呢？市面上也有一些通用的方法，感兴趣的朋友可以去了解和学习，比如，我觉得比较实用的就有"STAR 原则简历法"。

在 STAR 原则中，S（Situation）指的是在什么场景下，T（Task）指的是为了完成什么事情，A（Action）指的是做了哪些行动，R（Result）指的是获得了什么结果。也就是说，我们需要在简历上的过往经历里，说明当时在什么场景下，为了完成什么角色，我们做了哪些措施，获得了什么结果。听起来比较抽象，我举个例子：

> **求职者 1.0 版本**
> 我在人工智能教育创客的实践活动中担任了组织委员，最后获得了一个 ×× 奖项。

> **HR2.0 版本**
> 在 2020 年 1 月至 2020 年 7 月期间参与的人工智能教育创

> 客的××实践活动中,我担任了组织委员,并且在活动中获得了××奖项。在××教授/某知名人员的团队带领下,一共×人的团队共同完成了一个什么样的项目,并撰写了×万字的报告。

这个 2.0 版本里还用到了一个好方法,就是给自己的事实铺垫一些对方可以听懂的背景,其实就是"蹭资源"和"加细节"。"蹭资源"就是用优秀的人给自己背书,与优秀的人为伍,证明自己是优秀的——我做了一件什么事,共伍/带领我们的人比较厉害。"加细节"就是不仅要说获奖,还要说明奖项是什么级别的,有多难得,有多少人参加,竞争力有多大。这也是一些可以用到的技巧。

获得面试机会之后,我们同样需要提升展示力。是内敛地等待面试官挖掘你的特点长处和匹配度,还是积极主动地展示,利用所有回答问题的机会提供素材,让对方认可自己的过往与目标岗位之间的契合度,会带来完全不同的结果。

例如,面试过程中,要尽力去营造一种积极向上的交流感。面试时的第一印象并不仅仅来自简历,你呈现出的状态也是一个非常重要的维度。是精神饱满、积极向上、很好合作,还是没有精气神、畏畏缩缩,给人带来的直观感受是截然不同的。自然大方地去呈现自己,眼神不要四处游荡,加上适当的肢体动作,都可以带给人一种渴望和你继续沟通的感觉。

要记住,皱眉头不代表严肃认真,弯腰驼背不代表谦卑,凡事都说"不是"不代表严谨。我们积极向上的气质，是最好的氛围感。那怎么做呢？

这里教大家一个练习的小技巧：找几个同样要找工作的朋友，互相面试。设置一个认真面试的场景，摆一张桌子，三个人扮演面试官，一个人扮演面试者，演练一下，并用手机录一下。坐在面试官的位置上，以完全不同的角度去看对方的时候，你就会忽然意识到，没有人愿意看到一个垂头丧气的人。当立场发生改变，看问题的视角就变了，所以我建议大家自己去当几次模拟面试官，换个角色和视角，心结就解开了。这些看起来虚头巴脑的东西，并不是摆设，是真实有用的。

一个上进的年轻人很好，但不罕见。如果一个上进的年轻人用自己的行动赋予组织价值，并且长期做下去，还愿意把这些呈现给重要的人看见，而且还不着急、有耐心，这些弹性就极其难得了。

人都会期待这个世界对我们温柔以待，其实，我们自己温柔，世界就温柔。这种温柔是一种终极的弹性，是技能傍身后，一份强大下的柔软。

PART 4

隐性我
中庸我的内在小孩

> 心灵是一个特别的地方,那里可以把天堂变地狱,把地狱变天堂。
>
> ——约翰·弥尔顿 《失乐园》

成长的伤痛，似乎是成年人逃不过去的话题。从幼儿期到求学阶段再到步入职场，一路坦途走来的朋友并不多，我们大多都有过心伤、心碎的经历。这些经历在我们的内心留下了大大小小的疤痕。有的人的疤痕，是一段故事、一个印记、一种岁月的沉淀，他们带着它们，在职场的情境中，继续前行；而另一些人的疤痕，印刻在思维里，像一张无形的网，影响着工作和生活。

我们的研究采访了100多位职场人，让他们讲述曾经或者现在正在掣肘自己发展的价值和思维模式，也就是我们的"隐性我"。

我从小就怕我爸，不敢大声说话。他吼一声我能吓得发抖。每次他回家我都躲着他，藏在房间里。上研究生之后，我发现我和导师的关系不好。我知道他是个很好的老师，但是，我还是想躲着他。我们几乎没有什么沟通，有问题我也不敢问。他说我一句，我可以反刍好几天，难受得不想干任何事情。

从小我父母就喜欢打击我，经常说我长得不好看，头脑也不聪明，这不行，那也不对，我稍微犯点儿错就不分场合大声数落我，打击我的自尊心和自信心。工作了之后，我一面对领导就很不自信，总觉得自己一身缺点，干什么都缩手缩脚，直不起腰来。

类似这种和家里权威的相处方式不健康，从而影响日后与权威（如老师、领导）关系的故事，我们听了很多个版本。（见图8）

在听完这类故事之后，我们问了采访对象：意识到这些之后，你是怎么做的呢？你期待什么样的关系？你为这个期待做了哪些努力吗？中庸我在发展的过程中，在面对这样的观察时，会随着时间

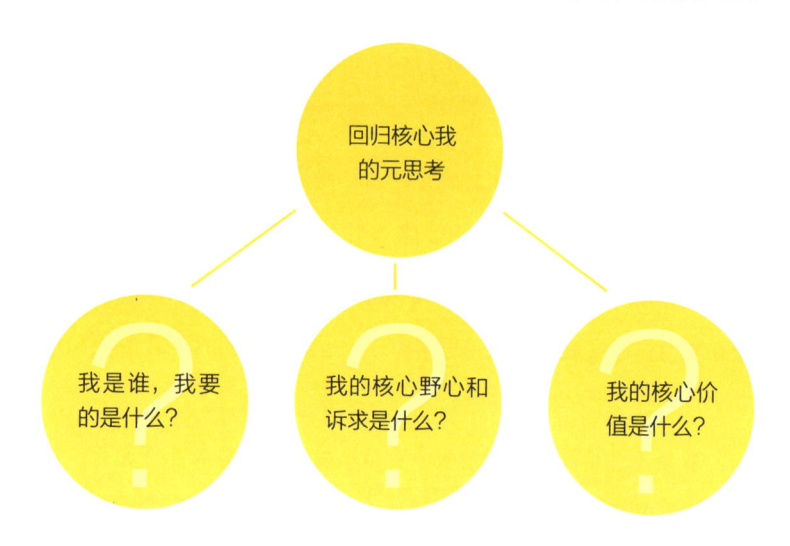

回归核心我的元思考

我是谁，我要的是什么？

我的核心野心和诉求是什么？

我的核心价值是什么？

发展出一种回归核心我的能力。我们会站立在核心我进行思考。

然后，中庸我会越过思考，直指行为。他们会去做，而不是去想，去反刍，去陷入过去的泥沼里不能自拔。这个有点类似于心理学认

图 8 原生家庭

知行为疗法中的行为方法：从行为入手去纠正思维，终止胡思乱想。

换句话说就是，中庸我思维会选择和隐性我里面的一些过去遗留物共存，或者通过行为去影响这些底层认知。中庸我不会过度地去让核心我和隐性我纠缠，产生不必要的内耗。

中庸我对隐性我的态度，有点像我喜欢的侯孝贤导演的电影，讲述了人生的痛苦与苍凉、人性的复杂和逼仄，但又会带出想象不到的力量和光芒——《悲情城市》《刺客聂隐娘》都是如此。中庸我看待隐性我也正如他看待芸芸众生的劲头，远远的，有一种东方的美。留白的写意画，长长的空镜头，好奇又平静。据说侯孝贤导演的这些特质，也和他的成长经历有关。他受到有自杀倾向的母亲和终日郁郁寡欢的父亲的影响，可以想象，他在成长过程中走了多少难过的路。他的隐性我，可能一直伴随着他的电影事业。这些电影对内心悠远的探索，也远远超越了电影工业的定义。

而梦幻我，则恰恰相反。

梦幻我思维模式，会把核心我和隐性我充分地搅和起来。当遇到思维困境的时候，梦幻我会让你怨念自己的过去和核心我，觉得自己就是这样。归因变成了归罪，而原罪在于无法改变的过去，所以问题无解。你会把自己憋得无处可发、无能为力。

第二个原生家庭：
职场中庸我的涅槃之道

你将建立的家庭，比你出身的家庭更重要。

——D. H. 劳伦斯

如果你的原生家庭困顿，隐性我不是很如意，那么我建议你沉下心来，从学生时代开始，经营职场。这是我们每个人的第二次投胎。现在有个说法，叫"做自己的父母"，意思是好好爱自己。但怎么爱呢？点奶茶的时候多点儿料？懒觉多睡两小时？还是领导一批评就辞职不干，或者阳奉阴违，默默划水？

好好爱工作，就是从萌芽开始，像对待小孩子一样呵护自己的职业野心。尊重它，把它根植在核心我里，负责任地养育，因材施教，提供机会，允许犯错和试错，然后耐心地静待花开。

是往成功培养，还是往成人培养，自己说了算，之后结果自负。我们常听到"爱岗敬业"和"战略笃定"。现在这些词说出来、摆在那里，有点儿苦哈哈，也感觉在拿腔拿调。日本企业家稻盛和夫说过："我们的人生是由种种苦难构成的。苦难既不是我们希望的，也不是我们招惹来的，但意想不到的苦难却接踵而来……（然而）'工作'（却）隐藏着一种伟大的力量。它能帮助你战胜命运中的苦难，给人生带来光明和希望。"

能超脱介质成长的人是极少的。小时候依托于原生家庭，长大了依托工作。

而这份依托，其实是相互救赎的。

小时候我很烦周星驰的电影。我苦闷的求学生活里，容不下一点儿"搞笑"，里面的一惊一乍和无厘头看得我心烦意乱。最近几年，我才开始喜欢上这个复杂的人，也大概懂了喜剧的内核是悲剧。

可能是出于职业病，我看一个人的职业路线时，都会去了解一下这个人的成长背景。根据一些公开的信息，周星驰的父母结合于特殊年代。周的母亲是大家闺秀，1940年生人，上过大学，之后在香港结识了大自己12岁的周的父亲。他父亲没有什么文化，却有一身恶习。这样的结合可能一开始就是悲剧，之后吵闹不断。在周7岁的时候，他和母亲一起撞见父亲出轨，于是这段婚姻结束。

在那个年代，一个女人拉扯三个孩子长大，打三份工，一切都为了孩子，换来的必然是孩子的负罪感。有人说，父母离婚，导致了周星驰孤独、自卑和缺乏安全感的性格。其实按我的理解，这不过是敏感的人遇到了压力事件，本能地回归最可靠的自我，所谓孤独和自卑都不过是自我保护。只有把自己缩得足够小，才能用一点点小小的温暖焐热自己，活下去。

负罪感、愧疚感之后的下一步，也是这类性格内核的小孩需要

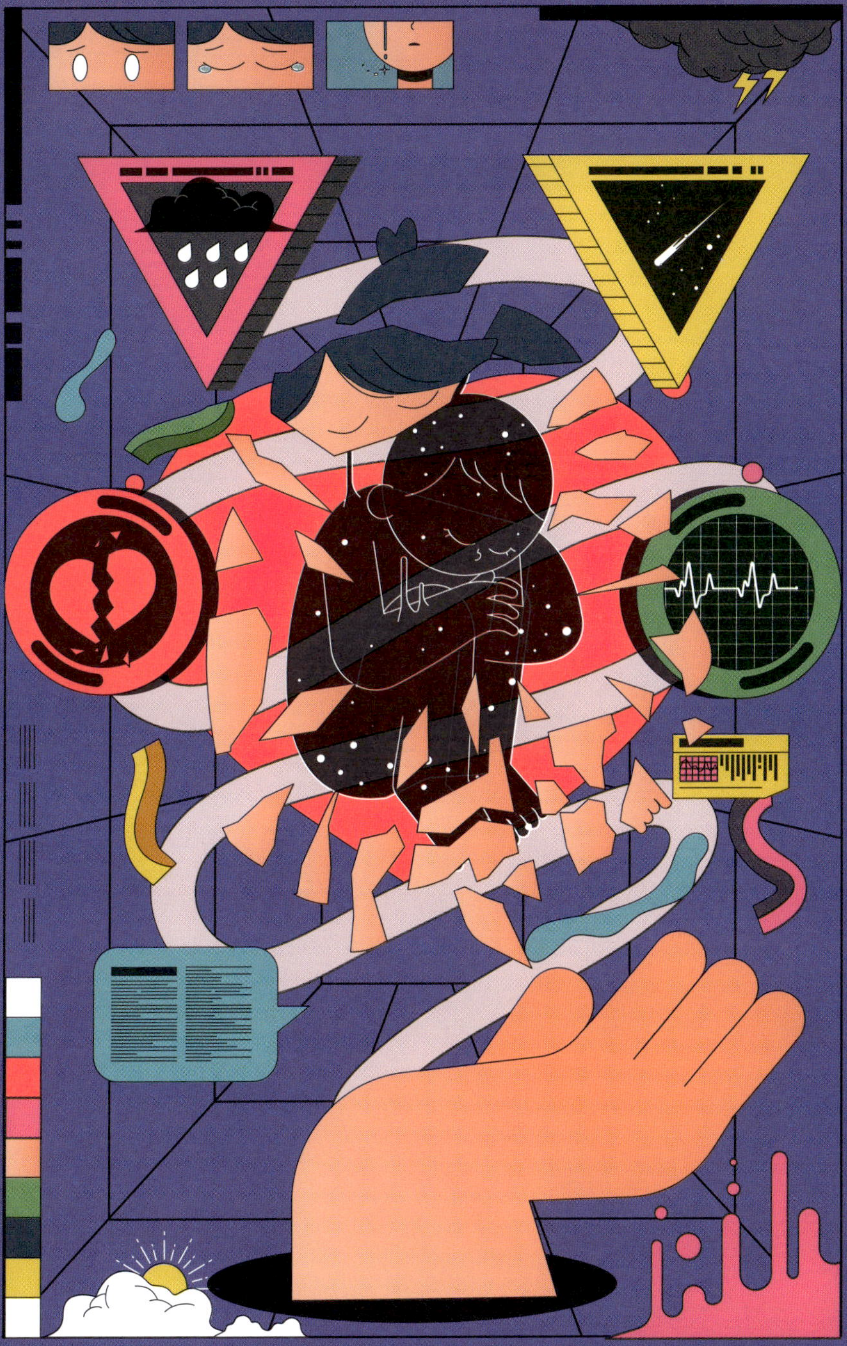

隐性我

曾经或者现在正在掣肘自己发展的价值和思维模式。
有的人带着疤痕继续前行,
而另一些人的疤痕印刻在思维里。

经历的必修课——争气。而争气的终点，是要有一个放之四海皆准的"成功"，去用这个壳子，滋养自己的安全感。

周星驰没有任何经验，也没有进行过与表演相关的学习。他报考无线电视艺员训练班，成绩也不理想，辗转几次后，才得以进入夜训班学习。毕业后，周星驰并没有如愿在演艺事业上大展拳脚，而是被派到了儿童节目《430穿梭机》担任主持人，一做就是6年。即使是这样，他也没有放弃自己的初心和演员梦。尽管经常被批评不会演戏，但他还是抓住一切机会，利用空余时间跑龙套，锻炼演技。光是在1982年，就有8部剧有周星驰跑龙套的身影。他或是一闪而过，或是充当人肉背景板，但有戏演就有机会。从1980年进入演艺圈，1987年在电视剧《生命之旅》中拿到一个勉强称得上配角的小角色，再到1988年在《霹雳先锋》中第一次出演男二号，他终于获得了被人看见的机会。8年的龙套生涯迎来转机，之后的《一本漫画闯天涯》《赌圣》《逃学威龙》《审死官》，每一部都票房不俗，他的表现也可圈可点。

中间的路径，无他，就是专业的精尖。他彼时的女朋友罗慧娟回忆起那段岁月，这样描述："他是一个极痛苦的人，永远都会为了工作（苦思冥想）。他想不通一样东西以前，真的会很痛苦。因为你跟他讲的他都好像听不到，其实他是在想事情。"

他不是在想事情，他是把命寄托在这个"成功"上。有了成功，就有了安全感。

而比安全感还安全的，就是更多的安全感和更大的成功。之后的周星驰，身份越来越多，开始全方位介入编剧、导演、制作等环节。事实上，在跑龙套期间，他就一直在学习这些，从来没有放下。他是一个时常把自己关起来的沉默的人。1999年，37岁的周星驰决定拍摄他早年电影生涯的缩影《喜剧之王》。

在《喜剧之王》的开篇，周星驰饰演的尹天仇面朝大海喊出的"努力、奋斗"，可能也是他青年时代的主题曲和座右铭。他执着于演技，像"临时演员也是演员""虽然你们是扮演路人甲乙丙丁，但是一样是有生命、有灵魂的""做人如果没有梦想，那和咸鱼有什么区别"这类话，可能他也对自己说过好多遍。

尹天仇的核心我渴望成功、创作，想要做个好演员的部分，受到了混沌的现实一次又一次的挑战。他当群演，因为没有照导演所说的一次"死透"，浪费了大家的时间，没考虑电影工业的成本，于是来给他打个样的另一个群演（成龙饰）对他说："用点儿心。"他很委屈，觉得自己一直很用心，但又能如何？一个小人物的自以为用心，是没有人买单的。连发盒饭的达叔也把他臭骂了一顿。

尹天仇开始审视自己，就着出租屋里昏暗的灯光研读《演员的自我修养》。在龙套生活中，他学会了敬业，蟑螂爬到身上也要忍着，导演没喊"cut"就不动。离开剧组之后，尹天仇开始教人演戏，指点柳飘飘扮初恋骗钱，教给甜筒辉扮起来收保护费，效果不错。他觉得自己的演技好极了，对跑龙套更有信心，机会也多了起来，但还是被达叔痛骂"整天臭屁，到处教人演戏，学人讲理论，教人扮黑社会，收保护费，简直就是在侮辱演技二字"。这一次，尹天仇依旧无言以对。核心我的实践，要在法律和道德范围内进行，这也是功课。

电影最后，周星驰给了执拗的小人物一个属于他的位置。他失去了主角机会，得到了爱情，回到社区继续过普通的日子。20 年后，在《新喜剧之王》里，周星驰给了主角更大的机会，小人物有了大舞台，跑龙套只跑到 30 岁就得到了重要的褒奖，但很有意思的是，他给主角起的名字，叫"如梦"。

看回周星驰，事业的成功是万能的吗？显然不是，它只会部分救赎原生家庭的痛，但是否放下，之后怎么过，可能是一个更大的坎。而所谓的功课，所谓和隐性我的共处，也是一辈子的。至于有关他的一些人情纠葛，有人说，他的行为是艺术家人格的极致体现。我胡乱以为，早年的伤痛还有未解之谜。爱就会走近，伤就会被碰到，碰到就想推开。

23 年初，周星驰因为社交媒体粉丝过百万，破天荒地回答了一些网友的提问，其中一个问题是"星爷有没有最想对达叔说什么话"。他的答案是："I love you，后悔未曾亲口表达。"这话让人觉得胸口痛，但我相信再来一次也是一样，"论心不论迹"，等着的遗憾，比面对的破碎，更让人容易接受。

人一定要原谅吗？8 年的龙套生涯，那些给过他机会但也深深践踏过他的"贵人"，是要原谅还是要感谢，还是一边不原谅一边感谢，可能只有当事人说得清楚。他在当群演的时候，有一次入戏太深，被导演指着鼻子训斥：跑龙套而已，为什么像狗一样卖力？

之后，我们看到了《喜剧之王》里的致敬，达叔饰演的工作人员不让他领盒饭，最后给狗吃了也没给他吃。从小靠"努力、奋斗"长大的敏感星人，很难放下。不仅没放下，那每一帧的踩踏可能都历历在目。

无论是大舞台还是小舞台，小人物在心里有舞台的过程中，都在救赎着自己的隐性我。能不能救回来，共存到什么程度，只有自己知道。

如果我可以向周先生提一个问题，那会是：你想你自己吗？

你还是曾经的自己吗：
中庸我与成功偏执

> 成功是结果，而不是目的。
>
> ——居斯塔夫·福楼拜 《随想》

极致的成功本身可能也会给成年后的我们带来伤痛。我经常在 MBA 的课堂上，和同学们打比方开玩笑，说创业就像是给自己制造了一个新的不幸的原生家庭。在儿童心理学里有个词叫"儿童虐待"，指对儿童的虐待和忽视行为。想想看，我们每个人的职场人生可能也是一场创业，大部分人的 BP（business plan，商业计划书）没有那么光鲜亮丽，在职场上的迸发就是一个字"求"。在这个过程中，对身体的侵蚀以及对精神和认知的拉扯，其实就是一种自找的"虐"，而在求的过程中，大部分时候，我们体会到的也是冷漠和忽视。

除了认知和能力的拉扯，还有对核心我价值观的挑战和内心的折磨。这些都是职场新人阶段常见的心灵冲击。

在电影《穿 Prada 的女王》（*The Devil Wears Prada*）中，女

主角安德丽娅·桑切丝名校毕业之后，有个记者梦，但因为自己缺乏经验而屡屡碰壁。她在机缘巧合之下，获得了著名时尚杂志 *RUNWAY* 主编米兰达的第二助理的工作。安德丽娅接受这份工作多少有点儿退而求其次的意思。她不懂时尚，也对此没有兴趣，接受这个 offer 一方面是为了生存，另一方面是因为行业里有传言，只要给米兰达工作上一年，就可以去任何杂志社。这算是她为自己的野心买单的一个路径。

安德丽娅不在意穿搭和身材管理，对一群人挑一些看起来差不多的衣服、煞有介事地拍照片做成一本杂志这种事情，她从骨子里也是看不起的。很自然，她和这个职场格格不入，经常被同事嘲笑。这份工作也并不轻松，因为主编米兰达是一位脾气古怪、傲慢、要求苛刻的上司，会把买咖啡、修车、拿快递、遛狗、挂衣服等各种做不完的杂事统统甩给安德丽娅去做。如果说这些事情还是她力所能及的，那么在暴风雨的夜里被命令找到能正常起飞的航班、被要求拿到还未出版的《哈利·波特》手稿之类的任务根本就是莫名其妙。在这个过程中，焦虑感如影随形。和朋友们吐槽，算是她的一种心理疏解。

几乎所有人都不相信她能坚持下去，而她自己也不喜欢这份工作，让她坚持下去的是性格里的好胜心和"做米兰达的助理，可以打开好多扇门"的信念。她可以用这样的工作经历换更多的资源，之后去到自己心仪的地方圆梦。

转变发生在又一次被米兰达责骂之后，这也是安德丽娅第一次真正受到心灵冲击。因为没能及时在暴雨天订到飞回纽约的机票，安德丽娅毫无疑问地被米兰达贬低了一番。自尊心被践踏的安德丽娅找到设计师奈杰尔疯狂吐槽："我不知道还能怎么做。事情做对了，好像是应该的，她连谢谢都不说。如果事情做错了，她就是巫婆。"原以为能得到来自同事的安慰，但奈杰尔每次说的话都直戳心窝："你希望我对你说什么？要我说'真可怜，米兰达又欺负你了，可怜的安迪'是吗？醒醒，她只是在做她的工作。你根本没有在努力。"

这些话戳中了安德丽娅。这也是职场新人可能碰到的第一重心灵磨难——你以为的简单，并没有那么简单；你瞧不起看不上的，其实是别人赖以生存的筹码。她发现自己确实只是被推着努力，是在争一口气，但从内心上并不认同这家公司的艺术品位和坚持，不愿意融入这个圈子和行业，对这份工作也存在着偏见。"不爱"是她的核心问题。之后，安德丽娅开始做出改变。她从自我改造开始，请奈杰尔为她搭配衣服，积极提升自己的时尚品味，学习穿搭，甚至让老板侧目。和品味同步提升的，还有她对这份工作的认同感。然而，认同了工作之后，就会快乐起来吗？

倒也没有。不过，她解决问题的能力和对工作的态度有了质的飞跃。在这个阶段，安德丽娅的弹性我崛起了。她工作越来越顺，获得了更多的重视和信任，甚至取代了第一助理在米兰达心中的地位。米兰达最终选择带她去参加巴黎时装秀，而同事艾米丽已经为这件事准备了好长时间。更残酷的是，米兰达让安德丽娅自己去告诉艾米丽，她们两个的位置互换了。艾米丽很愤怒，也不想听她说话，而安德丽娅只能一直重复一句话，"是老板逼我的"。这是她的心灵接受的第二次重大冲击——职场上一个人的"赢"，就是另一个人的"输"，而这个输的人还会和你在一个空间里。你亲眼看着她备受打击，又无能为力，连安慰的话都不能说，因为你没有资格。

如果电影只到这里，这就是一部味如嚼蜡的职场 PUA 玄幻片。影片中，和职场发展的线平行的，是安德丽娅的生活。在这个过程中，她失去了很多，包括爱情和友情。男友不能理解她的工作为什么会这样，朋友们也觉得她变了。当她面对米兰达，为了保住自己的地位，不惜背叛多年并肩作战的好友兼同事时，她受到了第三次冲击——人即使身居高位，也依然身不由己。输赢永远在，只是战场会越来越血腥。这种弱肉强食的丛林法则可能是一些职场人一生都无法逃脱的命运。不是踩着艾米丽上岸一次就结束了，是一岸又一岸，还有比米丽、赛米丽、第米丽……

影片的最后，安德丽娅重新回到了起点。她带着在米兰达身边学会的能力，回到属于自己的圈子和生活，继续记者梦。

我看一些影评会说，她撑不下去了，所以不干了。从安德丽娅的视角看，前两次的冲击，不致命。第一次，符合她名校学生好强的底层逻辑，她很容易接受；第二次，她可以自证为偶发事件，以后不会发生；第三次，她其实是放弃了幻想，告诉自己，这份工作和自己的价值内核终究是冲突的，永远不可调和，只要在这里干，她就需要把自己抱着的价值观扔掉。所以，她看似放弃了一份工作，其实是重新捡起了核心我，从 0 开始，抱着核心我，继续给自己找一个可以悦纳它的情境。

电影开始，米兰达表达过，之所以会给安德丽娅 offer，是因为她像年轻时的自己。那如果安德丽娅有朝一日变成米兰达，她还可以是安德丽娅吗？目前我自己的答案很悲观。

真正的答案，不在我这里，也不在成功人士米兰达的电视访谈里，应该在米兰达的心里吧。

我们在职场的日子里，在一次次追寻向上的心灵拷问中，内心是掀起了狠劲儿，还是充满了怒气，差异很大。困难里有核心我，容易狠；挫败中远离核心我，容易怒。

越王勾践，靠的是狠，不是怒。

大家都在针对我：
中庸我与高敏感

> 从现在起，我开始谨慎地选择我的生活，我不再轻易让自己迷失在各种诱惑里。我心中已经听到来自远方的呼唤，再不需要回过头去关心身后的种种是非与议论。我已无暇顾及过去，我要向前走。
> ——米兰·昆德拉 《生命中不能承受之轻》

我们的调查数据显示，37.82%的职场人会因为职场人际关系而内耗。我曾经收到过一位职场朋友的提问。

我是一名今年刚刚步入职场的新人。在部门团建聚餐的时候，我和领导闲聊，说到了我和同期入职的同事的学历、家庭背景等一些个人情况，领导也一直说让我们跟着他好好干，争取早点儿独立接项目。同期入职的另一位同事家庭条件特别好，有时候一些外出打车的费用她都自己出，不用报销，她人也比较会来事儿，经常请大家喝奶茶，也会点一些下午茶什么的和大家一起分享。她的家人应该也是比较有社会地位的，听说能给部门带来一些业务和客户。

说实话我很羡慕她，像这种价值我根本没法给领导提供，我只能闷头完成手头的工作。而且因为家里条件不太好，我比较精打细算，也非常希望通过自己努力多接项目，提升自己的KPI，给父母更好的生活质量。所以我经常会和领导表达想要早点儿独立接项目的想法，但领导总会说，我要再历练历练，我有点儿急功近利了。

上周，部门接到一个很重要的客户的委托。领导直接选择了同期入职的同事参与这个项目，而让我继续跟手上的小项目，因为同期手头的项目刚好结项。其实我在学校的时候也有接触过这类工作，而且我也完全有精力进行兼顾，即使不担任重要的工作，在这种大项目中打杂，也能学到很多。

我想请问，是不是领导都会对家里条件好的下属更好一些？像我这种情况，如何才能获得领导的重视和注意？我担心以后部门的机会和资源都会向这个同期倾斜。

在这个提问里，这位朋友陷入了梦幻我的敏感思维模式，让自己的核心我和隐性我缠绕起来，似乎面临的境遇是无解的。

他觉得领导优待了同期的同事，那这个优待的原因是什么呢？

这位朋友归因为，同期的家庭条件优越。换句话说，她的核心我优越，我的核心我一般。这种巨大的差异导致她的境遇极佳，而"我的境遇太惨了，而且我也改变不了，我能怎么办呢"，他越想越敏感，越想越没办法处，于是问我：你能帮我改变这个"偏心领导"和"万恶的世界"吗？

就像本书 Part 2 所讲，人的核心我对自己来说是坚定而无价的，但当我们想让对方给自己的核心我买单的时候，我们就要考虑它在社会情境里的价值，也就是社会交互。

我们来捋一下。

> 同期给领导和公司提供了什么？

① 和谐的工作气氛（领导和同事并不是要新人"请客"，在领导的理解中，她是在协调部门的氛围，主动地融入团体）；

② 充分的尊重和足够的情绪价值和业务价值；

③ 事实上的帮助和给部门的业绩助力。

> 这位提问的朋友给领导和公司提供了什么？

① 对领导的怨气（抱怨他不公平，觉得他"势利眼"——让同期跟重点项目，就是因为她家有钱，而不让我参与，就是因为我家条件不好）；

② 对同期的嫉妒（她被优待，就是因为家里条件好，有什么了不起的）；

③ 有话不直说（如果想参与重要项目，认为自己有精力兼顾，可以提出来，而不是腹诽）；

④ 至于他说的好好完成工作，这是他分内的事情。

如果从中庸我的角度去思考，上面这些都是很清楚的。这位朋友的核心我在社会交互的过程中，不占优势。那么为什么这位朋友会有这样以自我为中心的梦幻我敏感思考模式呢？其实就是因为他把自己隐性的小自卑混在核心我里，没有看清成人社会的核心我交互。这时候，他就很容易陷入怀疑社会和怨气横生的处境中。

人有个体差异。不同人对待同一件事的敏感度是不一样的，有的人就是会更敏感一些，而有的人就略微迟钝。敏感的朋友会出现凡事想太多、容易被情绪淹没的情况，可能别人都没注意、没放在心上的事情，他们就是会去反复琢磨。这种不同反应是受一个人的感觉加工敏感度影响的。具有高感觉加工敏感度的个体被称为"高敏感者"，这个概念是由美国心理学家伊莱恩·阿伦（Elaine Aron）和亚瑟·阿伦（Arthur Aron）第一次提出的。高敏感人格的形成机制非常丰富，不一定和家庭环境有关系。

高敏感者对内部和外部刺激都非常敏感，这些刺激包括环境、社交、情绪和生理等方面。这类朋友更容易注意到周围环境的变化和细节，环境变化给他们带来的影响也更大。他们会对变化有更强烈的感受和思考，在高刺激环境中也更容易产生心烦、焦虑等消极情绪。

我们通常会觉得，高敏感者往往是内向、不善言辞的，但大量研究表明，这两者之间并没有强联系。其实，一个人是不是高敏感，他自己是很清楚的。发展心理学中有一对形容人对环境敏感度的比喻：兰花和蒲公英。有的人像兰花，不太受外界影响，有自己独特的节奏；而有的人像蒲公英，风吹的方向就是他的方向。

不管是高敏感的处事还是高敏感的人格，解药都在具体的弹性行为里。

最近几年特别流行的一个词"钝感力",但是,以我这样一个内向、高敏感、爱琢磨的人的亲身体验来说,想要举着大旗,说"我'钝'了",实在太难。而对于这个难,我们也要更能放下。这也是我们一直讲的中庸我思维里的重要因素:核心我和隐性我的共存。

那共存之后如何活呢?难道高敏感在职场上就是劣势吗?

下面,我来分享一些中庸我的思路。与其和隐性我去对抗、去打架,不如锻炼多一些的弹性行为,去宠着自己,做加法,不苛责。

底层逻辑重建

我们很多时候在胡思乱想中内耗,是因为在我们的逻辑底色中,有些东西是不对的。

举个例子,在公司里,领导让你组织活动或者项目。你尽心尽力安排各种事务,希望让所有人都满意,但群里还是有人指出了某个细节问题,表达了自己的不满。你觉得这是你能左右的,因此很愧疚、挫败、委屈,郁闷得整个晚上都睡不好。这个例子中有一个错的逻辑假设:我付出了,大家就应该开心;如果大家不开心,那他们就是在指责我、否定我,我就会内疚、难过、委屈。

再比如开篇那个例子中的同学,他的假设是:只要我努力了,对方就应该为我的努力买单,就应该喜欢我,什么都给我,至少不能比给别人的少。但凡我得到的比别人少,就是因为我的家庭条件不如别人,他们更喜欢家庭条件好的人。如果对一切事都这么想,基本这个班也没法上了。世界都坏了，职场是不会好的。

发现问题了吧？生活中哪有那么多"应该"啊。自己付出和别人高兴之间，本来就不应该有一个逻辑链条；自己的努力和别人的偏爱之间，也没什么直接的关联。这时候，如果我们有意识地去解开这个结，一码归一码，就很容易舒心。对付出型的工作情境，更能让你放过自己的底层逻辑一般是这样的：我做，是因为这么做，我觉得是对的，或者单纯就是我乐意。我只要自主决定了要去付出，在付出了的那一刻，我就已经自洽和开心了。到这里，闭环结束。至于接受我付出的对方是否满意，是否高兴，我——不——在——乎！狗尾续貂的这个部分，不能影响我的快乐。你想想看，我付出了，还得等着您的圣旨才配快乐，凭什么啊？我也太卑微了吧！

至于求公平类型的工作情境，比较合适的逻辑是这样的：我努力，是我自己的事情，如果我想让对方为我的努力买单，那我要提供价值和实际的贡献；别人为什么比我得的多一些，原因很多。公平是提供价值多、贡献多的人，得到的更多，而不是你努力你有理。

再举个例子，你因为工作中的某次错误被领导批评了。其实错误不算大，但你却一直反复回味着领导批评你时说的话和态度，越想越害怕，越想越生气，总觉得，第一，他凭什么这么说我？第二，这事的影响是不是不止表面上这些？说不定领导已经在脑内盖章说我不行了，以后会戴着有色眼镜看我。再接着想，你可能会觉得同事也都知道你被批评了，要是他们凑在一起说点儿小话，你就觉得是不是在背后八卦自己。这些想法体现的底层逻辑是什么呢？是一次错误就能给职场带来毁灭性打击，贴上标签就摘不下来了。

那这个逻辑应该如何构建呢？我有个自己的小理论：大数据看人。

其实人在别人心里的印象，包括我们怎么看别人，都是一种大数据，是整合过往多次交集的算法，是一种弹性的理解，而不是某一件事情决定的，除非这件事情惊天动地，那么一般我们也不会碰到了。所以，我们大可不必因为某一件事情被批评了，就疯狂扩大这件事的影响。你想，领导活那么大，他不知道这个道理吗？人都会犯错误。你犯一次两次错误，虽然领导内心会不高兴，但这也没有什么，还有其他N个事情去共同构成他对你的印象。更何况我们人和人之间是在遇到棘手的事情、在一次次摩擦中变得更了解和亲近彼此的。我还记得小时候，街边修鞋的师傅在粘合开裂的鞋子时，都是先拿一把锉刀把两个平面都磨粗糙，之后再涂上特制的胶水去按压和粘合的。人和人之间大概也是这样吧。

遇到问题，用诚心和智慧去解决，这样一次次做下来，不仅不会留下负面的标签，反而很容易建立信任感和战斗情谊。

行为先行

我们都知道，态度和认知决定行为。例如，我们觉得吸烟有害健康，所以会少吸或者不吸烟。但有的时候，人的态度和认知很难在短时间内做出改变，那这时候比较实用的方法就是先改变行为，不用急着改变态度。

比如，你是个特别讨厌浪费时间的人。生活中一遇到堵车、排队的情况，你就会很敏感，不舒服，坐立不安。工作中如果需要同事配合的部分进展缓慢，你也会很烦躁、焦虑，痛恨"猪队友"。这种浪费时间、打乱计划的遭遇，如果在职场中碰到了，该怎么应对呢？

我们可以预留出试错时间和空间。如果你是个有野心和诉求的人，那么和这种同事相处，是你绕不过去的功课。我们要学着去共存，而不是对抗。例如，可以有策略地去多承担一些任务，预留出富余的时间，以免打乱了主线。如果你并不是一个有更高野心和诉求的人，那么同事之间，就是要承受这个。我们没有权力去教育同事，这也是基层员工之痛，是必须承受的。

我们还可以在条件允许的时候，故意去浪费一些无伤大雅的时间。比如，早点出门，慢点开车，不变道，不超车，不跟别人抢，看完电影等字幕滚完了再离开，还可以尝试每天做几分钟正念练习，让自己适应不慌不忙的生活节奏。在体验过这些以后，你会发现，你的确可以做一个珍惜时间的人，但即使浪费了时间，也没什么大不了的。体会一下不那么珍惜时间的人的人生，也是一种活法。

回归初心目标

很多时候，我们被一些小事困扰，为无关紧要的人牵动情绪，被生气、伤心、焦虑这样的消极情绪牵着鼻子走的时候，往往会忘记了事情本身。这时候，最好的方式就是暂停一下，想想自己的初心，回归核心我的部分。其实只要你回忆起，原来我是来干这个的，原来我要的是具体的某个目标，人就会忽然清醒起来，回归安宁。

举个例子，步入职场之后，你可能会去准备一些职业资格考试。备考的过程中，你突然想起同事在去年就通过了考试，然后就开始自责：我真没用。那时候我在做什么？为什么去年的题那么简单我没赶上？真倒霉。面对模拟试卷上的错题，你开始陷入自我怀疑：我这个样子还能考上吗？我为什么没早点开始复习？甚至还没开始考试，你就准备好了焦虑，突然觉得对不起家人、对不起自己。没有这个证，就赶不上晋升，一步错，步步错……你的情绪和精力都在疯狂消耗，根本无法集中注意力。这时候，就需要想一下初心："我尽力学习是为了通过考试，为职场发展争取更多的可能性。这是我职场目标中一个客观我的重要筹码。这样的情绪反刍内耗对我复习有帮助吗？只会拖慢我的脚步，分散精力。我能不能放下这些，把注意力转移到复习上去？"

再比如，在公司遇到同事主动打招呼，但对方并没有热情地回应，可能这一天的好心情会被这件小事儿"毁了"。或许对方只是没看到，也可能是无意间忽略掉了，但高敏感者会在脑海中模拟出各种可能性：他为什么没理我？是对我有什么意见吗？还是我哪里做得不好？是不是因为上周他找我帮忙我没空？还是因为……这时候，与其将重点放在别人的脸色上，不如想想工作的目的是什么，这份工作对核心我的帮助是什么。我们的核心我是让每个人都喜欢自己吗？应该不是吧。

回归核心我和初心，就会清楚重心。

看到大的图景

敏感的朋友常常有一种恐惧：害怕犯错误，害怕别人失望。

让我悄悄告诉大家一个公司经营的秘密：接受混沌是公司的宿命。我们每一个人在工作中犯的错，都是在公司预期之内的经营成本，是公司的预算。层级越高，涉及决策类型错误的机会越多，犯错的成本越高。而层级越初级，涉及事务类型错误的机会越多，犯错的成本相对就越低，被允许犯的错也会越多。同时，层级高的领导需要为层级低的员工犯的错误承担责任，这也是当领导的成本。

是不是释然了一些？那是不是我们可以肆无忌惮地犯错误了？当然不是的。

一方面，我们需要对犯错这件事脱敏。另一方面，我们可以利用我们的敏感，去提前预警错误的发生。对重复的错误，我们尽量不犯，对新的错误，我们勇敢面对。

额外提一下，如果大家恰巧是创业者，又非常害怕大机器的内耗，就要忍住，无论别人怎么画大饼，都不肆意扩张。我如果有个公司，它一定是个小而美的地方，不超过 5 个人。正如制作了 400 多部电影并全部盈利的好莱坞传奇独立导演罗杰·科尔曼（Roger

Corman)所说:"在我自己的公司里,我就是头儿。我更偏爱那种小型的、等级制度松散的公司架构。它鼓励付出必有回报。能力越强的人,回报越多。"

失控的渴望：
饮鸩止渴的软成瘾

> 有些人去找牧师，有些人去找诗歌，而我去找朋友。
> ——弗吉尼亚·伍尔夫

在他感到空虚的时刻，他想到了时间正在消逝，工作已经荒废，前途没有希望，他吓出了一身冷汗。但他没有采取对策，他对空虚无能为力，所以找到了做懦夫的借口；他觉得甘心堕落也可以苦中作乐，就像沉船的残骸顺水漂流一样。斗争有什么用？在一片空虚中，既没有美，也没有善，没有上帝，没有生命，什么都没有了。

上面这段话，来自小说《约翰·克利斯朵夫》（*Jean-Christophe*）。看似物质生活丰富的现代人，可以一秒代入其中，毫无违和感。它就像窦唯《高级动物》里的歌词，在不断地拷问真相："矛盾 虚伪 贪婪 欺骗 幻想 疑惑 简单 善变 好强 无奈 孤独 脆弱……"

我们好想抓住什么，又好难抓住什么，最后，只能抓住自己的手机。加班到深夜，拖着疲惫回到家，看着手机购物车里的"宝贝"，大脑表示不需要,钱包表明没必要,但最后还是点点手指,获得了"支付成功";解决完一个难缠的客户,想点个夜宵犒劳自己,胃告诉你吃饱了,脑示意放下筷子,但最后依旧张嘴吃吃吃……我们做了项调查,询问被试在过去两周的工作和生活中出现以下情况的频率有多高。

表 2 软成瘾行为调查

可能的焦虑表现	选择该项的被试占比
熬夜刷短视频	34.7%
习惯性加班	23.1%
过量吃零食	21.6%
熬夜追剧	18.1%
不停挤痘痘	14.1%

来源:《新青年职场心智小调查》

疯狂"剁手"、暴饮暴食、熬夜刷剧可以短暂地让我们逃离残酷的现实,释放压力,获得一时的痛快。但事实上,沉迷本身就是人类作为高级动物的一种特征。我们这里讨论的不是沉迷的罪,而是沉迷过度后的痛。如果你发现时间一长,钱包空了,体重飙升,健康亮红灯,仿佛一切都在离我们而去,生活在逐渐瓦解,变得更糟了。那这就是一个警示灯,提醒我们需要重视起来。

生活中的成瘾,大致可以被分为两类:一类是以物质为基础的硬成瘾,譬如吸烟、酗酒、暴食症等;另一类就是我们前面提到的"软成瘾"(见图 9),指那些强迫性的习惯和行为,例如刷短视频、

图 9 软成瘾

不断地往下拉朋友圈看看有没有更新等。这样的行为如果过度，会让自己的状态越来越差，出现疲惫、注意力难以集中等一系列的问题。更可怕的是，软成瘾会让我们获得成年世界最无力的感受：失控感。

那我们要怎么界定和识别"软成瘾"呢？最主要的是判断对一件事是真的喜欢、享受，还是失控的渴望。成瘾表面看起来也是满足自己，但实则是对自己感受的压制。这些行为往往并不是有意识的选择，而是出于惯性的强迫性重复。在投入了时间、精力甚至是金钱之后，我们不但没有达到目的，反而离想要的状态越来越远。举个例子，小王正在一边上班一边准备 CPA（注册会计师）考试。他下班回到家里，坐在书桌前翻开书，突然想起来有一条朋友的消息忘了回复。打开微信之后，看着朋友圈新消息的提示，他就顺手点开看看谁又发新内容了，谁又点赞小视频了。他觉得有人发的那顶帽子不错，又打开了购物软件，忽然想着要不多看看其他人的评价，就开始到分享种草平台上各种翻找，翻着翻着又被自己关注的博主的直播吸引……他在多个 App 之间来回切换，陷入了无意识刷手机的状态。一个多小时过去了，他终于准备放下手机开始复习，突然想起来，朋友的消息还没回。在这样的状态下，他既没有获得快乐，也没有得到放松。一想到还有一个月就要考试，自己备考的进度比预计落后了太多，他就开始焦虑，想着做出改变，结果却焦虑地继续刷手机去了。小王就陷入了软成瘾的状态。

从心理角度看，这时的我们想找一个庇护所，短暂地逃离现实。

在我们面对压力、感到焦虑或面对混沌不确定的时候，那些简单易得的娱乐方式，就会乘虚而入，让我们暂时忘记烦恼。明明提交时限就在眼前，虽然着急到不行，但我们还是不自觉地拿起手机打游戏，好像这样就能逃避难以完成的报告一样。

让人成瘾的行为，往往都是容易的，可以立刻获得快乐。管理学里有一个"瓜子理论"，指的是人们很容易拿起第一粒瓜子，可一旦吃了第一粒，就会一直吃下去，就算中途上个洗手间，回来也可以接着吃，直到吃完为止。而且嗑瓜子的爽感，还在于每嗑一粒瓜子，就可以立马获得一粒瓜子仁，其实这和刷短视频、玩游戏、看网文很类似。就拿短视频举个例子，不管是知识、生活段子、搞笑娱乐还是电影解说，看完几十秒到几分钟一个的视频都像嗑瓜子一样很简单。我们打开手机，手指轻轻一滑，每看一个视频就会获得"即时反馈"的愉悦感，还可以通过点赞等行为表示"朕已阅"，而且算法还会源源不断地喂给我们喜爱的内容。相较需要处理大量枯燥报表才能完成的数据汇总，不断更改方案才能完成的产品项目，这种不需要付出什么辛苦就能获得的东西，显然更加具有吸引力，也更容易让人上瘾。

减轻软成瘾的思路

我们在生活中或多或少都会有点儿软成瘾问题，大可不必惊慌。某种意义上，这也是我们面对混沌环境的一种自我保护。在意义感匮乏又充满压力的大环境中,你的软成瘾并不孤独。在这里,我给大家提出四个方法,希望能帮助大家在一定程度上控制自己的软成瘾,让这种隐性我不那么容易影响我们的职场表现和生活质量。

我们可以追溯一下软成瘾的原因,定期给自己一段安静思考的时间,回忆一下,最近又下意识做了什么难以克制的事,做这件事的时候心情是怎么样的,做完这件事自己的感受是怎么样的。比如,有的人可能因为升职压力过大"绷不住了",通过消费来犒劳、安慰自己,因此一有压力,就无法克制地去下单。消费虽然也需要花时间、精力去挑选,但毕竟是很有成就感的事,刷卡就能有回应,下单就能有结果。相比努力了很久也没有什么成效的工作,消费带来的这种踏实、笃定的感觉,太美好了。在这种情况下,升职压力就是软成瘾的成因。

在找到成因之后,先把自责、自我否定放一边,要学会自我接纳,接受现在真实的自己,告诉自己:没错,我确实上瘾了,最近压力很大,我感到很压抑,需要一个释放的出口。在接纳了自己和情绪之后,可以继续和自己对话。如果单纯通过购物可以非常有效地缓解压力,那这其实也不错。但大部分人的强迫性购物,可能达不到自己想要的效果。买到的东西不合适,需要花时间去退,退货需要运费,还要去下单退货,写退货码,和退货的快递员对接,支付运费等。买到的东西合适,需要花时间去收纳,需要有足够的空间,这又是一件耗费时间精力的事情。我有一次看到一个视频:一位白领女士有一柜子衣服,好多自己都不记得了,上面的吊牌都还在。

她说自己压力太大了，需要靠买东西去缓解，而越来越多的东西，不仅增加了赚更多钱的迫切性，还增加了收拾和管理的压力。那么，是不是有别的替代方法呢？

户外活动是一个很好的办法。去到大自然里，充分地吸收阳光，这是科学研究发现的可以缓解压力和焦虑的秘方。我顺着这个给大家推荐一项具体的户外活动：可以去公园走走。这是我压力大的时候用的办法。公园非常有意思，有好多老人玩各种"花活儿"：奇门遁甲、吹拉弹唱、拍打养生、含饴弄孙，还有一些腿脚不方便的老人坐着轮椅散心。这样极具生活气息的场景，会给人一种人生终有去处的感觉，可以把人一秒钟从职场的高度竞争中，拉入人生这个更加宏大的命题，并且看到它的朴素解法。而这种拉入地表、和真实意义对接的实感，可以让人对眼前的困难释怀，放过紧绷的自己，把注意力放在应该做的事情上。

此外，我们还可以通过社会交互来排解消极情绪。人在面对困境、难题的时候，往往会有巨大的压力。这时候如果想的是"人生苦短，何必在乎那么多呢？先享受再说吧"，就会掉进软成瘾的旋涡中。其实我们可能只是缺少倾诉对象或者陪伴我们的人。有时候，即使对方解决不了什么问题，只是陪伴，也会让人觉得很安心。这种陪伴，不一定需要人在身边，而是需要内心的依靠与信任感。云陪伴也是一种真实的陪伴。

我经常能在一些社交平台看到很多人的分享。可能最初，他们只是把社交平台当成一个倾诉的"树洞"，吐槽被领导"穿小鞋"，被客户刁难，和同事发生冲突的经历，或是分享加薪的喜悦和找到新工作的兴奋。评论区友善的回复，哪怕只是一句"抱抱""加油""接好运"，都会让人觉得很温暖。有对象、有地方去分享自己的起起落落，是脱离软成瘾很重要的前提。

除了一些浅层的社会交互，还有可贵的友谊。我写下这个方法时，还是很犹豫的。在多年的求学和职场生活中，我拥有的高品质友谊并不多，在这方面远远算不上练达。友谊的好处已经得到科学的证实，可以让人更健康、更快乐、更成功。但现代人的生活节奏和一些现实的考量，让人很难与他人建立连接。所以职场人发展出一种新型的友谊，叫"战斗情谊"。

这又衍生出一系列新的问题，同事可以做朋友吗？有利益关联的人可以做朋友吗？不纯粹的友谊还算是友谊吗？

在这方面，我是持肯定观点的。既然我们把大部分时间都消耗在职场中，那么，在职场中衍生出友谊也是自然的事，我们对此不应该抗拒。那么，你可能会说，无数前辈的教训告诉我们，有竞争的人就不会成为真的朋友。我不这么认为。我认同的一点是，所有的人际关系都是既有竞争又有合作的，连亲密关系也是如此。有的竞争可能我们自己都意识不到，但是它真实存在，不需要回避。建立友谊，尤其是某种情境中的友谊，可以让我们感受到量身定制的支持感。有朋友在职场一起奋斗，一起吃午饭，有他人的支持，上班的感觉都不一样，压力指数也会直线下降。

最后一个办法是制定本分、踏实的小目标，循序渐进。想明白只是一个开始,脚踏实地去做才能看到效果。我们可以根据自己的状况,先制定一个务实的小目标,任务最好要细致具体、由简入难。比如,按照原来的节奏,今晚会通宵打游戏,那么可以试着在12点之前放下手机;本来要叫三个外卖,那今天就点一家店的两个菜,每顿饭都少吃一口,慢慢控制热量摄入;往常刷购物网站要三四个小时,那今天就看个刚上线的电影,看高兴了,手机购物也就没那么香了。

PART
4

隐性我

你在公司哭过吗：
职场抑郁指北

> 所有传世的小说作品，无论其呈现的现实多严酷，皆有一股借着肯定生命来对抗生命无常的基本反抗精神。
> ——阿扎尔·纳菲西 《在德黑兰读〈洛丽塔〉》

"我抑郁了。"

这句话在多年前对大部分人来说只是调侃，现下却成为越来越多人的隐忧。来自工作、学业、生活等多方面的压力，很容易让一个人在精神上不堪重负。在我们的调查中，有 16.7% 的职场人因为工作出现过抑郁情绪。经常能听到一些抱怨："上班就像上刑一样，每一步都特别沉重。""周日下午一到，就开始为周一上班感到难过 emo。""睁开眼睛就在想，要不今天请假吧，干脆辞职算了。""站在公司门口，只觉得喘不过气来，甚至绝望。"

抑郁状态和抑郁症

我们大部分人日常语言的"我抑郁了"是一种情绪向的描述，

描述的是抑郁状态。这种状态容易改变，就像坏心情可以变好一样。抑郁状态大部分人都有，需要关注，但也不需要过度紧张。

而有的朋友会展现出长期、固定、无法自助的一些情况，这时候就需要警惕。真正的抑郁症并不是简单的坏心情。它会从心理影响到生理，是个体不能自控和自助的疾病，和其他疾病一样，需要专业的治疗，并不是"想开点儿"就可以变好的。

这两个部分，可能是在探讨隐性我的抑郁维度时需要注意的差异。如果是抑郁状态，我们大可以和它共存，但如果是抑郁症，那么就需要科学的干预。

根据《精神障碍诊断与统计手册（第五版）》（DSM-5）[1]，抑郁症会有以下一些突出而明显的症状。首先是在连续的两周内，出现以下症状中至少 5 个。

抑郁症状自测

1. 几乎每天大部分时间都心境抑郁
2. 几乎每天或每天的大部分时间，对所有或几乎所有活动的兴趣或乐趣都明显减少
3. 在未节食的情况下，出现体重明显减轻或增加
4. 几乎每天失眠或睡眠过多
5. 几乎每天精神运动性激越或迟滞

---

[1] 美国精神医学学会编，（美）张道龙等译.（2015）.精神障碍诊断与统计手册：DSM-5.北京：北京大学出版社，北京大学医学出版社.

- ⑥ 几乎每天感到疲劳或精力不足
- ⑦ 几乎每天感到自己毫无价值或感到内疚
- ⑧ 几乎每天都存在思考或注意力集中的能力减退或犹豫不决
- ⑨ 反复出现死亡的想法，反复出现没有特定计划的自杀意念，或有某种实施自杀的特定计划

其次，就是这些症状会引发具有临床意义上的痛苦，或导致社交、职业或其他重要功能方面的损害。再有，就是这些症状不能被归因于某种物质引发的生理效应，或其他躯体疾病。最后，就是这种抑郁症的出现不能用其他精神类疾病，例如分裂情感性精神障碍、精神分裂症、分裂样精神障碍、妄想障碍等来解释。

抑郁症比我们想象的更普遍，国际范围内的数据是占总人口的4%左右。一些公众人物患抑郁症的新闻，也让大家对这个疾病有了更多认识。可能一些朋友经常说的"现代人很作，以前的人就没有抑郁症"，也并不符合事实。我们翻看一些史料时，其实可以窥见端倪，像曾国藩、欧阳修、贝多芬、林肯等人都深受其扰。在很多时候，患抑郁症的朋友的外在表现并不像我们一般想象的那样低迷不振、悲观丧气，对什么都不感兴趣。相反，有一些抑郁症患者，外表看起来是积极阳光的——这种"微笑抑郁"具有很强的迷惑性，甚至让当事人自己都怀疑是不是想太多了。但其实用上面的标准去判断，他们也是符合诊断标准的。所以大家不要因为一个人平时总

是积极阳光，就对他区别对待，觉得他不需要关怀，不需要就医。

在职场的范畴内，其实微笑抑郁更常见。因为大家都知道，职场很残酷，工作机会又不是遍地都有，所以大家很容易倾向于隐藏自己的抑郁症。越是难熬，就越要表现得没事，甚至不敢去就医，怕留下记录以后不好找工作。目前的就业市场，对抑郁症的朋友是不友好的，我个人也在多个企业家论坛中呼吁了这个问题。这是企业很重要的社会责任。虽然我人微言轻，但希望可以慢慢好起来。

抑郁症从何而来

很多人都会有这样的疑问，明明生活水平越来越好，不愁吃不愁穿，日子也不再如父辈般辛苦，为什么现在的年轻职场人，却更容易变得抑郁呢？

就像上面所说，抑郁的症状容易找到原因，但抑郁症往往是多方面影响的集合，生理、基因、心理、环境的影响都可能是成因。

对职场新人来说，原以为能在工作中大展拳脚，野心勃勃，却不想每天只是在从事重复、无聊的内容，进行缺乏创造性的工作，感受不到意义。期盼中的升职加薪，也远比想象中更有难度。付出与收获没有正相关性，只有加不完的班、做不完的表、完不成的业绩。那句"你在公司哭过吗"本身就很好哭，更好哭的是，我们可能只敢偷偷点头。在这种种压力下，出现抑郁状态也并不奇怪。

同时，来自领导的否定、打压、PUA，也成为导致抑郁状态的重要原因之一。前段时间，我和毕业后已经工作多年的学生吃饭，发现她的状态特别好，细聊之后才知道，在一年以前，她可不是现在的样子。她原以为毕业就进"红圈所"，前途一片光明，但接近007的工作节奏和来自团队领导的打压，让她一度出现了头疼、头晕、恶心、精神恍惚的生理反应。领导总是指责她"效率低"，说她任务完成不理想就是"个人的问题"，打着"培养你""看重你"的旗号时不时就揪她过来一通输出……这样的体验，让她一度怀疑是自己不行，给团队拖了后腿，并开始从自身找原因。原本开朗自信的人，也陷入了自我怀疑和自我否定，连做梦都是被领导骂。眼看着整个人的状态越来越差，她终于在朋友和家人的鼓励下，迈出了裸辞的一步，把一个重重的包袱从身上甩掉。尽管她现在的状态好了很多，但上一家公司带来的感受，并不是一个"不开心"就可以跨过去的。现在她说起过去的经历，眼睛还是会红起来。

还有一个很容易被人忽视的原因，是来自社会和家庭的压力以及这些压力下嵌套的社会比较逻辑。有的人为了买房赚首付，有的人"上有老下有小"，为了养家糊口而奔波，有的人大龄未婚，承受家中"不孝"的指控，有的人背负着还贷压力……即使职场中再不顺心、委屈再多，他们也不敢轻易逃离，只能把所有情绪往肚子里咽。回到家里，面对家人的时候，还要压抑自己的消极情绪。久而久之，他们就容易变得抑郁。

职场抑郁自救指南

如果疑似出现了抑郁症,建议去看医生,寻求专业的帮助。药物、心理治疗等方式都可以有效地缓解症状。陪着抑郁的朋友去就医,是我们可以做的最正确的事情。同时,建议大家不要迷信网上随便搜来的量表,因为一般人是无法判断抑郁症的,关键是评价标准也不一定专业,很多时候是自己吓唬自己,或者被别人愚弄。正规医院的精神科有成熟的测量手段(例如《症状自评量表 SCL90》),还有一些生理指标辅助判断。大家要相信专业,只要愿意迈出这一步去自救,就是一个巨大的进步。

这里也给大家列出一些全国 24 小时免费心理援助热线电话和求助资源。

表3 可用的心理援助热线和资源

机构	电话	网址
北京回龙观医院心理危机研究与干预中心	北京市心理援助热线:800-810-1117,010-82951332	http://www.crisis.org.cn
上海市精神卫生中心	上海市心理援助热线:021-12320-5	https://www.smhc.org.cn/
广州市心理危机研究与干预中心	广州市心理援助热线:020-81899120	https://www.gzcrisis.com/
深圳市精神卫生中心	深圳心理危机干预热线:0755-25629459,400-9959959	http://www.szknyy.com/gz/index.html
天津市安定医院(天津市精神卫生中心)	天津市心理危机干预热线 022-88188858	http://www.tmu.edu.cn/jswszx/bygk/list.htm
杭州市心理危机研究与干预中心	杭州心理研究与干预中心救助热线:0571-85029595	https://www.hz7hospital.com/

此外，也可以尝试下面的方法去自我调节抑郁症状。这些方法对抑郁症的辅助干预同样适用，但还是要提醒大家，它们对患有抑郁症的朋友只能起到辅助作用。患病后，一定要就医，寻求专业帮助。

首先可以做的就是和自己对话，重新审视自己目前的工作，尝试找到自己消极情绪的源头。是现在的团队氛围让你觉得压抑，还是业绩绩效让你觉得难以达到，或者是领导同事的打压让你感到崩溃？找到原因后，就可以更有针对性地去进行改变。是否能通过调整工作方式改善自己的状态？是否需要换一个工作环境？是否需要重新规划核心我的职业目标和野心？通过这些方式去主动进行改变，去调整自己的状态和情绪。

我们还可以培养一些爱好，作为生活的调剂和放松，让自己在这个过程中静下心来。一生和抑郁缠斗、在苦难和辉煌中不断奋斗的美国前总统林肯，在抑郁的时候喜欢做剪报、写诗。

像我自己，就比较喜欢逛公园、听播客和听音乐。不知道大家有没有观察过公园里的一些团体活动，比如集体舞、扇子舞、红缨枪、拍拍打打、举手绕圈和大合唱，这些在我看来几乎是一种心理领域的团体辅导，大家有机会可以参与一下。我们还可以培养自己在某件事上的兴趣，比如画画、写日记、学一种乐器。像抑郁患者欧阳修多方求医不得后，就开始学古琴，结果效果极佳，他还热心肠地推荐给病友杨寘，在《送杨寘序》里写道："予尝有幽忧之疾，退而闲居，不能治也。既而学琴于友人孙道滋，受宫声数引，久而乐之，不知疾之在其体也。"意思是，病不好治，去孙道滋那里学琴，学习了五声和几支乐曲，时间一长就觉得很快乐，都感受不到疾病还在自己身上呢！除此之外，阅读《论语》《道德经》《孟子》等经典，做户外运动，都能帮助我们在感到焦虑和压抑的时候，得到喘息之机。

再有，就是给自己制定一些触手可及的目标，让自己有"我可以控制自己生活"的感觉。相较"我要高兴起来""我要专注于工作""我要拿下这个项目"这样会带来压力、没有确定结果的目标，"去新开的餐厅，吃一份美食""吃完饭后，在公园里散步20分钟""去门口台阶上坐一下，晒15分钟太阳""整理一个房间"这种可以达成的目标，会让人重拾对自己的信心以及对生活的掌控力。

靠近那些能让自己快乐的人和事也会让抑郁情绪得到很大程度上的缓解。我们的情绪会受到周围人的影响。那些喜欢抱怨、牢骚满腹的人，很容易传递这样的消极情绪。我们如果不能很好地调节自己的情绪，就更要有意识地去隔离这样的人，屏蔽那些消极因子。小红在之前就有一个相处很多年的朋友，虽然不经常见面，但也会时常聊天，彼此抱怨一下最近的不顺心，还会分享身边开心的事。但时间一长，她发现自己变成了一个单方面的情绪垃圾桶，朋友见了她就会开启自顾自吐槽模式，大到工作推进得不顺利，小到早上路上的堵车。等她说爽了，小红原本的好心情却被毁了，人也变得烦躁。意识到这点后，她就会有意识地降低和这位朋友聊天的频率。这也是成年人比较成熟的做法。

最后一点就是建立良好的社会支持系统。有抑郁症状的朋友，会感到自己有诸多的不如意、孤独,像是被所有人抛弃了。这时,和外界建立联结就很关键,找到一个你不需要考虑"他会不会烦我""我这样做是不是在给他添麻烦",能够倾听你、全面接纳你并可以与你交流的人就显得非常重要。这个系统里的人可以是父母、家人,也可能是挚友、爱人,他们会让你感觉不再是一个人在"战斗",这样就多了一个坚持下去的理由。

小练习

我的开心事物清单

好吃的、好玩的东西可以抚慰人心。看到就开心，吃到就释然，它们就是那么神奇。而每个人的清单又是那么的不同。列出我们自己的开心事物清单吧。

我的开心事物清单

-
-
-
-
-
-

吃掉压力的职场人：
神经性贪食症

> 我愿意继续做冰山，这座冰山露出水面的是白色、可爱的一角，人人都能看见；但我那些巨大而黑暗的部分却隐藏在下面，既坚硬又危险。
>
> ——埃尔克·海登莱希

"有时候我清醒过来的时候，已经在吃东西了。"对暴食的人来说，吃进嘴里的已经不再仅仅是食物，更多的是焦虑、失控和负罪感。

职场人经常需要承担高强度、快节奏的工作内容，会因为工作压力感受到焦虑、担忧的情绪，也会因为别人的眼光、社交媒体上的信息产生严重的身材焦虑。在严格控制热量摄入的计划中，突然有一天"犯猪瘾"的暴饮暴食，会让我们陷入恐慌：我是不是生病了，是不是得了贪食症要去看医生……减肥计划定了又定，健身卡充了一张又一张，真正要落实的时候，又会被食物诱惑，周而复始，反反复复。这种食欲究竟是正常的对美食的渴望，还是需要治疗的神经性贪食症？在这一部分，我们将通过一个案例和科学的诊断标准，带大家一起看看身材焦虑的今天，很多人都关注的贪食症，到底是什么。

创业者小A的苦

"刚开始以为只是偶尔吃多一次，就当成放纵一次，也没放在心上。结果后来吃多的频率越来越高，肚子很撑了还在吃。我意识到事情可能不对的契机，是发现平时不喜欢吃的东西，我明明不饿也会忍不住往嘴里塞。我感觉自己的行为完全不受控制，会一直吃，直到撑得吃不下了为止。吃完之后，一想到这不得胖死，我就又会想各种办法弥补，在跑步机上跑到精疲力竭，或者蹲在马桶前催吐，实在太难受了。"

这样的讲述在这家心理诊所已经不是第一次出现了。快节奏的工作、高压的社会环境、不健康的生活方式、无意识的身材焦虑……在这样的环境下，因为暴食选择来看心理医生的职场人越来越多。他们的表现是，短时间之内不受控制地吃下大量食物，当回过神来的时候，手边只剩下空的食品袋、碗筷和残渣，于是他们为了维持自己的体重，会选择催吐、剧烈运动甚至是吃泻药的方式，以减轻自己的罪恶感。创业者小A就是其中的一位。面对辞职创业过程中的压力，她选择用"吃"的方式来消化。她明明是一个很有自制力和规划的人，但在面对吃的时候，根本没办法左右自己的行为。

小A的一天从焦虑中开始。上午十点，她要和远在美国的投资人进行视频会议，汇报公司这一季度的销售业绩；中午十二点，她要和贸易公司的徐总见面，讨论公司产品的销售策略；下午两点，她要登门拜访供应商韩总，争取说服他们采取部分线上销售的模式；下午四点半，她要参加公司内部的月底例会，复盘本月公司的经营状况，并制定下一个月的目标；晚上七点半，她要和做投资人的"塑料"闺密进行一次简单的聚餐，希望这个"智多星"能给自己出出主意。

顺利的话，她这一天应该能有不错的收获，但如果出现突发情况，能在十二点之前回家都是她运气好。好在这一天有惊无险：上午的汇报资方很是满意；中午的会面也是照例推进；下午总算是说动了这个固执的韩总，他愿意"试一试"；例会也是好消息不断，至少公司下个季度的业绩有了保障。不过晚上，闺密无意中的一句话让小A开始烦躁起来。"我猜你最近特别忙吧，你看看，这黑眼圈也太明显了，怎么感觉你胖了呢？我和你说，这人呢一过三十……"接下来说什么都不重要了，开篇一个"胖"字就勾走了她的全部注意力："胖了？真的吗？不是吐干净了吗？那我是不是又胖又丑？明天还要见两个重要的客户呢，我这么胖，明天的合同肯定是签不成了……"小A越想越焦躁，耐着性子吃完饭，终于可以回家享受一下一天中难得的"安静"时光。

回到家的小A就像变了个人，那个在员工和客户面前永远充满活力的女人表现出了脆弱的一面。尽管晚饭吃得很饱，她还是不由自主地走向厨房，机械地打开橱柜和冰箱，扫荡着残留的食物，飞快地塞到嘴里，直到感到食物已经堆到喉咙，再也无法塞进一丝一毫，才停下不断向口中送的手。一向注重身材的小A又怎么会不知道晚上吃这么多的东西会发胖呢？她拖着疲倦的步伐走向卫生间，缓慢得如同上刑场一般。她用极端的手段让自己把刚吃进去还没来得及消化的食物全部都吐了出来。

这样的生活状态已经持续了快一年的时间。面对压力，每个人都有不同的解决方法，有的人喜欢倾诉，有的人喜欢在跑步中释放，而小A选择了暴食。

事情的失控，要从创业带来的工作压力和难缠的客户说起。在创业初期，小A面临着一系列的问题：资金短缺、人才匮乏、客户有限、管理困境……如山的难题摆在她的面前，但她并没有退缩。她一件事一件事解决，一关一关过，凭借着自己的努力，总算让公司走上了正轨。一切都在向好发展，但总会有一些难搞又不得不做的生意。

对方的要求极为苛刻，漫长的谈判进行得很不顺利。面对对方提出的一个又一个难题，小A备感压力。那一天，她很晚才回到家，饥肠辘辘地走进厨房，给自己泡了一份杯面。虽然明显感觉自己已经吃饱，但热热的食物滑过喉咙带来的舒适仿佛让所有的压力烟消云散。在这种莫名力量的驱使下，她再次走向厨房，搜罗了家中的食物，迫不及待地把它们往嘴里塞：泡面、火腿肠、牛肉干、巧克力、酸奶、冰激凌、面包……最后，再也吃不动的小A瘫倒在沙发上，面前的包装纸袋印证了刚才发生的一切不是梦。"天哪！我吃了这么多东西，不行，要是都吸收了，我不得胖成猪啊。必须想个办法。听说都吐出去就没事了，我得先上网查查怎么才能催吐。"躺在沙发上的小A马上拿出手机。半小时后，小A虚弱地坐在卫生间的马桶盖上。

"应该吐干净了吧，这样就不会胖了，幸亏有办法弥补，不过下次不能这么吃了，感觉半条命都搭了进去。"尽管小A暗自下决心，但事实上，在接下来的一年中，这种极端的行为不但没有得到控制，反而更加频繁，从开始的一个月一次到现在的每周一次或几次。对小A来说，下咽时的喜悦和呕吐后的虚弱自责，苗条的身材和毫无生气的容貌，都形成了鲜明的对比。每当她在夜深人静独处的时候，她就忍不住开始暴食。工作上的压力越大，吃得就越多。呕吐带来的痛苦、暴食导致的内疚甚至一度让小A想结束自己的生命，但这些念头都因为"公司刚刚起步，离不开自己"这样的理由而打消了。

暴食已经严重影响到小A的健康和正常生活，小A甚至不敢回家见父母，逢年过节和父母团聚也需要极力克制自己暴食的冲动。很难想象一个"减压习惯"已经开始威胁到自己的身体和心理健康，胃痛的折磨也不得不让她对自己的行为重视起来。最终，她还是在好友的陪同下走进了医院。胃镜结果显示，小A有多处胃溃疡，严重的食道炎，随时有胃出血的危险。这给了小A当头一棒。积极配合治疗一个月后，小A的胃部难受有所减轻。

压力没有消失，小A继续暴食。长期的催吐让小A的牙齿被严重腐蚀。为了减轻呕吐带来的痛苦，小A开始尝试泻药，但这种方法的副作用太影响工作——她不得不经常在会议或者谈判的时候跑去卫生间。难道是挂的科室不对？小A又去医院挂了营养科。医生听过小A的情况以后，给她制定了一份十分严苛的营养食谱。虽然科学、合理的膳食搭配足以让小A应付一整天的高强度工作，但是一旦工作压力增大，她便又会通过食物释放压力。一次次的失败过后，小A的症状越来越明显：腹痛、疲劳、记忆力下降，有时甚至会出现心律不齐的情况，而她的牙齿也因为长期胃酸冲击而受到了损伤。直到她在上班路上听到一档播客节目，主播提到自己对抗病魔的经历，她才意识到，自己也有类似的情况。这可能是一种心理疾病，叫"神经性贪食症"。

神经性贪食症？

有时候，有的人因为心情不好或者只是馋了多吃了一点，就吓得问"我是不是贪食症/暴食症，要胖死了"。虽然暴食行为是神经性贪食症的主要行为特征之一，但偶尔的贪吃、暴食与符合DSM-5诊断准则的神经性贪食症有很大的差别。神经性贪食症主要有以下典型的表现。

首先，是反复发作的暴食，会表现为下列两项特征。

> ① 在固定时间内进食，食物量大于多数人在相似时间和相似场合下的进食量；
> ② 发作时感到无法控制进食。

在前面给大家讲述的这个真实案例中，小A就是习惯每天回到家后进食。正常晚饭一碗面就够了，可她的常态是两碗杯面配上家中几乎全部零食，食物量远大于在该时段的普遍进食量，并且一开始便无法停止，直到真感觉快要把胃撑爆了，或是没有食物可吃后才停止。其次，就是暴食行为满足以下特征里至少三项：

> ① 进食比正常情况下快得多；
> ② 直到感到不舒服的饱腹感出现后才停止进食；
> ③ 在没有感到饥饿时进食大量食物；
> ④ 会因进食过多感到尴尬而单独进食；
> ⑤ 进食之后会感到自我厌恶、抑郁或非常内疚。

再有，就是反复出现不适当的代偿行为以预防体重增加，如催吐，滥用泻药、利尿剂或其他药物，禁食或过度锻炼。小A在进食后往往采用自我引吐和服用泻药的方式。一些人还会采取不吃早饭和午饭、疯狂锻炼等方式保持体重。这样的行为往往会给健康带来消极影响，破坏身体机能。

就出现的频率而言，暴食和不适当的代偿行为通常会同时出现，在三个月内平均每周至少出现一次。对小 A 来说，后期暴食之后再进行自我引吐的行为几乎天天发生，且有时每天不止一次。

最后，就是自我评价过度受体形和体重的影响。一般来说，暴食者对他人对自己体形的评价尤为敏感，甚至会因此产生严重的不安和焦虑。这也是触发暴食者做出代偿行为的重要原因之一。

对暴食者来说，后续治疗可以采取多种方法结合的方式。去正规医院就医一定是最迫切的，是否需要药物干预结合心理治疗则需要遵医嘱。此外，还可以通过营养师的协助，建立科学合理的饮食方案，逐渐恢复正常的饮食节奏，比如食用具有高饱腹感的食品，并制定减少强迫进食频率的策略等。

远离煤气灯：
稳定核心我与职场 PUA

> 如果你不能正确对待他人的判断，那么他人的判断就是你的地狱。
> ——让-保罗·萨特 《禁闭》

电影《煤气灯下》讲述了丈夫格雷戈里为了获得妻子葆拉的财产，对她实施精神控制的故事。在经典的一幕中，丈夫故意将煤气灯设置成忽明忽暗，当妻子发现问题时，丈夫却说这是精神不正常的妻子产生的幻想，最终将妻子逼疯，如愿获得巨额财产。

心理学中的"煤气灯效应"由此而来。煤气灯效应指通过施加情感虐待和控制，让受害者逐渐丧失自尊，产生自我怀疑，人格瓦解，无处可逃，最后人生崩塌。煤气灯效应其实就是现在讨论比较多的"PUA"的一种体现。PUA 是 Pick-up Artist 的缩写。近年来，随着职场人自我意识的觉醒，"职场 PUA"也逐渐成为讨论的热点话题。在职场上，部分领导会扮演"煤气灯操纵者"的角色，通过精神控制给员工洗脑，贬低其自尊，实现自身利益的最大化和控制员工的目的。

需要注意的是，并不是所有批评和否定都是PUA。现在我们常听到上班族调侃，说自己"又被领导PUA"了，其实在有的语境中指的不过是被领导批评了。正因为这种对概念的模糊表达，真正的PUA变得比较隐匿和难辨。事实上，对PUA的判断无论在心理咨询实操层面还是在理论层面目前都是模糊的，甚至是有争议的。我们把这个问题放在这里探讨，是为了让大家远离风险，舒心上班，而不是为了去给哪个领导贴个标签。

PUA的第一步，往往是从刻意的否定和贬低开始的。有的领导本身是比较严厉、直爽的性格，在批评员工时可能比较心直口快，但就事论事，目的是想让下属能在短时间内直观地意识到自己的问题，发现改进的方向。这不是我们说的PUA。PUA是什么呢？不同于一般的批评和指责，PUA中的否定和贬低是不分缘由的，或者不成比例的，也就是俗话说的"对人不对事"。这类语言具有极强的目的性——让下属产生"资格感缺失"，感觉到自己不配，最后形成稳性的自卑。

举个例子，在电视剧《甄嬛传》中，看似一直被嫔妃们算计的皇帝，其实才是真正的PUA高手。为什么这么说呢？请大家回想一下，在整部剧中，有没有一位嫔妃是完美的、一直受到皇上恩宠的？可能你一时也想不到，因为这个人在剧中从始至终没有出现过。没错，她就是纯元皇后。皇帝说，"世间终没有人能及得上纯元"。正是因为多数嫔妃从未见过纯元，所以皇帝才能把她塑造成一个完美的人设，同时表示自己多年来一直深爱着她。潜台词就是，如果我对你爱得不够深,那只能说明你不够好,你比不上纯元,绝不是因为我花心、喜新厌旧或者因为各种政治目的去"玩人"。

与之类似,在职场中如果一个人长时间接收这种模糊的批评、对人格的否定,自我存在感"不配"和"不足",很容易过度自省,影响身心健康。更有甚者,会从被PUA,变成自我PUA。人一旦在这种模糊的概念里,去"争一口气",就很难保持身心健康。

职场上一些常见的消极行为,比如职场霸凌、领导辱虐等,虽然有害,但因为是单纯释放负面信号,所以很容易识别。可职场PUA不是这样。PUA最核心的一点是混淆自我认知,制造情绪起伏。领导对下属的PUA,时常是一会儿对你坏,一会儿对你好,批评和表扬反复交杂。更可怕的是,这些批评和表扬常常没有内在逻辑。是领导自己在定义"好"和"坏"。这样没有逻辑、唯我独尊的评价体系,仿佛那盏忽明忽暗的煤气灯,很容易摧毁下属的内在价值体系。长此以往,领导对下属的精神控制就达成了。

PUA往往打着"为你好"的幌子,所以摧毁和重塑的过程往往是相对温和的,甚至不会让人感受到赤裸裸的敌意,受害者也就在不知不觉中被影响和改变了。那PUA中相对温和的、看似"表扬"的正面信号又该如何鉴别呢?举个例子,职场上,前辈、领导会故作不经意地向你传递"你能力不强、学历一般,但只要你好好跟着我,我保证你能在部门待下去"的信号。这种"先打个巴掌,再给个蜜枣"的做法,用否定的形式去肯定,制造了一个"我是主宰者,你的好坏,由我定义,你虽然不好,但是跟着我就会好"的逻辑链条。

说到这里你也发现了，其实核心我不确定、不稳固的朋友，在 PUA 面前更脆弱。

"你什么都做不好"是最普遍也最容易识破的职场 PUA 套路。相较后宫其他人，作为三阿哥生母的齐妃对皇帝的恩宠并没有那么在意，她唯一在意的就是儿子有朝一日能否登上太子之位，每每与皇上独处时，话题也围绕着"三阿哥又长高了"展开。皇后就是认准了这一点，时不时贬低齐妃"不中用"，教不好自己的儿子。在皇后授意下的实名下毒败露后，齐妃与皇后间的对话，堪称职场 PUA 模版。

在齐妃说出"臣妾是听了您的话"，想要寻求皇后支持庇护的时候，皇后马上翻脸，说"主意是你拿的，人是你害的"撇清关系，并搬出经典的"帮你是情分，不帮是本分"的理论，让齐妃彻底成了此事唯一的罪人。接下来，皇后趁机用贬低式 PUA 再加一把火，将齐妃置于死地。"可是你这样的额娘实在是不中用，你父亲李知府因为受贿，已被先帝流放，从那时候起你就没有能力护着你的儿子了，要不是本宫庇佑，你以为你的三阿哥可以平安无事长大成人吗？"这里皇后不就事论事，从根源打击她：你没背景，能力欠缺，人还不聪明，要不是有我这个领导帮你、保护你，你早就被开除了。"本宫每每要你做事，你却做得这么蠢钝愚笨""你自己把蠢事做绝"。在这种负面信息的集中灌输下，齐妃更是没有任何辩驳的机会和思考的空间，"臣妾是个没用的额娘，臣妾没用"，最终彻底崩溃，主动下线，退出了后宫职场。

说到这里，你可能会疑惑：职场上有一种"大哥""大家长"式的领导。很讲义气，会给人一种跟他干有肉吃的感觉。这看起来也属于前文的情况，难道也是 PUA 吗？其实不是的，这二者的区别在于，"家长式"领导不会摧毁"你觉得自己好"这种认知。天高任鸟飞，海阔凭鱼跃，他是珍惜人才，渴望忠诚，想要你跟着他干，而不是"你一无是处，离开我就死定了，跟着我才有未来"。

反 PUA 的可能性

面对 PUA，我们该怎么办呢？

首先，我们要具备辨别真相的能力。当局者迷，可以试试跳出"被评价者"的角色，从"局外人"的角度理性分析。比如，可以把领导的评价列在纸上，从旁观者视角分析这件事情本身，看看领导的批评是需要我们反思和改进的真知灼见，还是毫无意义、没有标准的贬低或者时好时坏的混淆视听。

其次，我们要逐渐建立和认领核心我。我们会自我怀疑，会被操纵，还是因为内心深处没有看到自己，所以容易被人的一些话利刃般地否定。同时由于我们和领导之间存在地位上的差距，后者的评价常常带有一些权威的色彩，很容易使我们屈服和盲从。

齐妃的结局就是很好的例子。她的确对恩宠不争不抢，但对儿子的期望满宫皆知，皇后正是很好地拿捏了这一点。在皇后的步步紧逼中，她完全被自己的焦虑、绝望击溃，儿子不行，她的核心我就破灭了。其实，她如果能保持理智，就会发现，皇后给出的两个选择，并不是仅有的两条路。退一万步讲，她是三阿哥的生母，虽不会被无罪赦免，但皇上也得顾及三阿哥，起码能让她保全性命，也不至于让她儿子受到太大的牵连。

　　如果确认了PUA的事实，又在职场里求助无门的话，最根本的方法，三十六计，走为上计。不靠近、远离甚至摆脱，才是上策。当发现身边的同事、领导有情感操控的倾向，不用试图对抗，更不用去讲道理，因为这样做大概率除了筋疲力尽，还会被倒打一耙。PUA与能力、学历、见识并无关系，恰恰是因为很多学历不高、能力不强的人，反而会花心思琢磨人，他们才走上PUA这条路。如果因为各种生活现实，暂时摆脱不掉受PUA的情况，那么将情感和现实工作剥离，就是十分必要的。

小练习

毒舌日记

小时候，我们会把心事锁在日记本里，那里不仅有我们的小秘密，还有内心不那么阳光向上的部分。心理学里有一种观点：坏情绪不会消失，只会被掩埋。同时有一种叙事疗法，其中重要的部分就是通过文字记录来发泄情绪，抚慰自己，梳理思路。

都说我们是自私的一代，但其实我们远不够自私，大部分人在职场里活得小心翼翼，回到家里也不敢把"负能量"带回亲密关系和亲子关系中。而和朋友倾诉，也怕被指责把对方当作情绪垃圾桶，影响关系，同时怕真实想法太黑暗，被当作"坏人"，或者"你变了"。

给大家一个好办法，尽情地在毒舌日记中挥洒自己的负能量吧，想怎么喷就怎么喷，酣畅淋漓地去做吧。

如果你是一个细腻的人，可以用铅笔写一本毒舌日记。然后擦掉，同时默念，这些××××××都消失，坏事都消失……

如果你性格豪迈，大可以把想法写在 A4 纸上，然后在安全的地方烧掉它。非常解压，可以试一试。

PART 5

混沌我
中庸我穿越迷宫的勇气

> 我们人类首先存在于环境之中,我们不能脱离环境,环境塑造了我们,决定了我们的可能性。
>
> ——让-保罗·萨特

儿童教育有两个思路，一个是告诉孩子圣诞老人是存在的，让他们保持童真，毕竟他们长大后自然会知道真相；另一种是直接告诉孩子，圣诞老人不存在，都是爸爸叔叔邻居二大爷扮的。据说在后一种教育下，孩子没有童年，会不快乐。

事实上，关于职场的那些"不如意"和模模糊糊的一些境遇，在这个时代已经瞒不住了。成年人的快乐，是知道了圣诞老人不存在，但依然热衷于在特定的日子，把生活过出温暖和花样，是一种苦中作乐；是年轻的时候，听见自己的心，掩埋"过来人"的恐吓，去搏一把，去亲眼看看；是在穷和达之间，过出自己的日子，走出自己的路；是穷而不丧志，达则兼济天下；是在嘈杂的商场中带娃时，悠悠然然地见到"南山"。

在混沌中重新凝聚自我

> 要想探索现代人灵魂的全部,你就必须坐在它的每个隐秘角落里进行观望——审视我们的欲望野心、我们的痛苦折磨,以及我们的幸福。
>
> ——尼采

人是有限的,世界的混沌是无限的。我们软弱、悲伤、无所依靠,人这样一种"器",靠着生命自然的气力包含着核心我的作用,牵引着向前走。在这条路上,我们会和混沌的事物与环境碰撞。这些重大的撞击是让核心我更加凝聚还是消散,是自然外物对个体脆弱的终极挑战。

现代文学史上的著名作家沈从文原名沈岳焕。他之所以改名叫"从文",其实是因为事业和人生的第一次转向。历史上的很多文人都做出过"投笔从戎"的选择,而沈从文却是反其道而行之。沈从文出生于1902年,年少时恰逢辛亥革命爆发,随即全国陷入军阀割据混战。在那个动荡的年代,"去当兵"算是青年为数不多的出路之一,于是沈从文小小年纪便身入行伍,在随着军队四处辗转的过程中，看尽了暴力与杀戮。

他在《从文自传》中写道："我们部队到那地方除了杀人似乎无事可作。我们兵士除了看杀人，似乎也是没有什么可作的。"沈从文表面上跟其他兵士一样麻木地混日子，但内心敏感细腻的他根本无法融入这样的环境。他内心深处埋藏着莫大的痛苦。"我在那地方约一年零四个月，大致眼看杀过七百人。一些人在什么情形下被拷打，在什么状态下被把头砍下，我皆懂透了。又看到许多所谓人类做出的蠢事，简直无从说起。这一分经验在我心上有了一个分量，使我活下来永远不能同城市中人爱憎感觉一致了。"

在当时的环境下，有些"兵"给老百姓留下的印象与土匪无异。沈从文觉得身边找不到精神上能和自己交流的人，也对自己的身份感到羞愧："我以为我是读书人，不应当被别人厌恶。可是我有什么方法使不认识我的人也给我一分尊敬？我想起那册厚厚的《辞源》，想起三个人共同订的那一份《申报》，还想起《秋水轩尺牍》。"

人在极致痛苦的时候，心理上一般会经历两条路径：一条就是崩溃、焦虑、抑郁，陷入显性的心理危机；还有一条是关闭所有的门，在他人眼里看起来有些冷漠，甚至会被认为是"好脾气"，其实是关闭了所有感官和情绪的入口。能像他这样，找到第三条路，想要通过一个介质，去维护自我的存在性，并且勇敢地和外界交互，是很难的。这个时候，他用知识和文化改变自己命运的想法萌发了。

后来，沈从文所在的军队在混战之中覆灭，他辗转来到陈渠珍的部队里做一名书记员，接触到了陈渠珍收藏的大量书籍、古董和字画,也结识了一些与旧部的司令长官、参谋、县长大不相同的知识分子,打开了通往新世界的窗口。这个乡下来的小兵坦言自己"对于人类智慧光辉的领会,发生了极宽泛而深切的兴味"。但这却让他感到越来越寂寞,越来越跟眼下的这个环境格格不入。大病一场之后,他苦思冥想了数日,终于做出了人生中至关重要的决定:他要离开这个荒僻的小城到外面去看世界,拥抱新文化。他要去北京读书。

《从文自传》中对这段过往的描写也可以体现他破釜沉舟的决心:"尽管向更远处走去,向一个生疏世界走去,把自己生命押上去,赌一注看看,看看我自己来支配一下自己,比让命运来处置得更合理一点呢还是更糟糕一点?若好,一切有办法,一切今天不能解决的问题明天可望解决,那我赢了;若不好,向一个陌生地方跑去,我终于有一时节肚子瘪瘪的倒在人家空房下阴沟边,那我输了。"他匆匆跟家人朋友筹了点钱,一路北上,来到北京一家小旅店,在登记簿上重重写下:"沈从文年二十岁学生湖南凤凰县人。"这是他第一次完完全全地认领"从文"这个他自己改的、颇具象征意味的名字。自此他一路奋斗,成为一代文学名家,在中国现代文学史上留下了熠熠生辉的成就。

一个年轻人在混沌中确定了自己的"天职",并跨越重重难关,一步步将野心付诸现实。在传统的励志叙事中,故事到这里就应该收尾了。但新时代来了,由于客观环境的变化和主观性格的原因,他失去了自己的位置,文学事业不得不中道断绝。他为之奋斗一生的事业突然化作大梦一场。他的自我好像也破碎了——"不毁也会疯去"。绝望之下，他甚至试图结束自己的生命，幸好被及时发现，送到医院抢救，才保住了性命。

随后，沈从文被送往精神病院疗养。经历生死之后，他写下了这样的日记："我生命似乎已回复正常，再不想自己必怎么怎么选择业务或其他。只在希望中能用余生作点什么与人民有益的事。看一切，再不会用一种强持负气去防御，只和和平平来接受了。我心中这时候极慈柔。我懂得这是明白了自己，也明白了自己和社会相互关系极深的一种心理状态。"此时，沈从文已经醒悟到自己不该求死，他开始接受现状，并试图自救，为生命在混沌中谋求新的生机。

那么放弃写作了以后做什么呢？在稍后的一封给黄永玉的信中，他写道："我现在，改用二十年所蓄积的一点杂史部知识，和对于应用艺术的爱好与理解，来研究工艺美术史。"他写信给当时领导文艺工作的丁玲，表达自己想要转而研究工艺美术史的愿望，想要把余生精力做成"研究报告"，作为送给下一代的礼物。他青年时期在陈渠珍手下做书记员的时候，负责管理陈收藏的大量古董和字画，也在那时培养出了对中国古代文化和文物的浓厚兴趣。可能连他自己都没有想到，这些看似无用的经历和爱好，却在二十余年后为他近乎崩毁的生命接续了新的轨道。在晚年的一次演讲中，他称这次转向为一次"健康的选择"。这并不是无可奈何之下的被动行为，而是他在混沌的现状中重塑了自我，重新为自己规划了一份能在新环境中安身立命，并为之燃烧生命热情的事业。

中庸我与工作再造

西方的管理心理学里讲"工作再造",就是我们可以通过自己对现有工作再定义,在里边玩出花样,使其和"自我"融合。这个看着有点儿不乖巧的理念,在我们的历史文化中,其实也是受到推崇的。我一直对"君子"这个词很感兴趣,但觉得大家对这个词寄予的一些期望都太高了,什么"温润如玉"之类的,好像无论在精神还是行为层面"发个飙",都有辱斯文。直到我读到顾随的古诗文讲录,这才算是和我的一些想法接上了线。他说君子向内求是必选项,修身养性很重要,但不向外求、不去碰撞,是不可以的。包括儒家、道家,其实都是要求做事情的。儒家的"己欲立而立人,己欲达而达人",道家的"无为无不为",都是在鼓励人们向外发展,去和环境交互,在平常的琐碎中,去成事、成人。

举一个当代职场中的例子,小王最近对自己的工作很不满意。

我最近有个困惑。我刚刚工作第二个月,同期进来了三个人。所有人都一直说我干活踏实认真,所以我就有了越来越多的活。这些活都是一些行政上的杂活,比如统计信息、报账,和自己的专业能力没什么关联。我现在甚至觉得"干活踏实认真"这个评价都有一点儿捧杀的意味了。每次干这样的活,我都很烦躁,需要压抑心里的怒火,才能正常和领导说话,我都感觉自己快憋不住了。我还是挺有上进心的一个人,想要升职加薪,是不是这里不适合我,应该辞职或者勇敢一次,去找一份更有挑战的工作?

对小王的问题，有两种可能的思考方式。

第一种就是他描述的思考方式。我想要"专业"性强的工作。现在这个工作的领导不重视我，给我一堆杂事烂活，还想套路我继续做这些我不喜欢的工作。这工作烂透了，领导也不是什么好东西，我还是离开去找一个好的地方吧。这是典型的梦幻我思维模式，核心我有自己想要的，却没有想办法去争取，别人没送到眼前就是没有，那怎么办？跑吧。

第二种中庸我的思考方式是这样的：深度工作高贵，事务性的肤浅工作也并不低贱。事实上，在任何组织里，领导但凡脑子清楚，都知道两种工作都是刚需，做好都不容易。咱们干活认真踏实是优点吗？当然是。这不仅是优点，还是巨大的优点，把杂事干好的能力，可是一个稀缺资源。我们可以先把这个优点给认领了。那这个优点可以代替其他"专业"的能力吗？当然不能。专业的事情重要吗？当然重要。

那问题出在现在的工作上吗？并不完全是，重点在于工作内容和比例上。合乎你心意的工作内容比例会从天而降吗？很难。所以，我们要做的，不是否定自己在杂事上的能力，或者索性不干了。我见过太多这样的朋友，比如课题组里，有的同学就有类似的逻辑，他觉得自己杂事做多了，吃亏。老师因为这个肯定他，他都高兴不起来，觉得自己"低级"。于是他开始学着互联网上一些博主的主意，一哭二闹三打滚，觉得这样就可以引起注意，最后得到做"专业"事情的机会。

事实上，这样的机会不会到来。你的导师或者领导，很可能只会觉得你偷奸耍滑，大事干不了，小事不愿意干。深度工作沉不下去，浮浅工作也不想干了。

我们应该做什么呢？逻辑很简单。我们想要发展，两类事情上都要有功绩。我们可以想个办法去重塑自己的工作。假设现在杂事和专业事的比例是 9.5∶0.5，那么我们应该做的是，在两种工作都做好的基础上，逐步改变它们的比例。如果我们真的把杂事干得很好，想逐步争取一些干专业事的机会，正常的领导都会答应的。慢慢去尝试，慢慢调整比例。一时做不完美，也可进可退，慢慢学。东西都有门道，需要用时间换空间。

《老友记》里有一句话"欢迎来到现实世界，它糟糕得要命，但你会爱上它的"。以中庸我思维去看工作本身，与其抱怨，不如和它共处，带着它共舞，调整它的舞步，爱上它。

为了继续自己的工作，你都尝试过哪些改变？

表 4　为工作做出的改变

选项	选择该项的被试占比
努力学习新技能	82.19%
改善与同事及领导的关系	51.88%
有创意地加入自己的兴趣爱好	39.38%
寻找其他的工作机会	38.75%
内部转岗	15%

续表

增加兼职工作	14.06%
其他	4.06%

来源《新青年职场心智小调查》

中庸我在生活的混沌中前行

> 人乃是一座桥梁，并不是目的：他庆幸于自己的正午和黄昏，把它当作通往新的黎明的道路。
>
> ——尼采 《快乐的科学》

在生活的混沌中，中庸我最大的优势在于能向前游、能熬、能忍，或者可以说，这是一种另类的"刚"。哲学家尼采认为，人类的发展必须脱胎于生活的苦难，被赋予"鲜血、心灵、热情、喜悦、激情、痛苦、良知、命运、伤害和灾祸"，将我们目前和未来的自己，转化为光明与火焰。而中庸我思维者，是已经准备好接受这场混沌的洗礼的人。

在我刚开始读书的时候，有一个相对比较热门的研究话题，是工作和家庭的平衡。当时我对这个话题还挺感兴趣的，但是看了一些文献以后，我就发现了一个巨大的问题。解决或者说部分解决工作家庭平衡问题的前提是，我们要承认，对一些岗位和职位来说，工作和家庭是永远不能平衡的。或者说，在生活节奏快的大城市，我们想要全身心投入工作，是需要其他人额外的帮助和付出的。

大家有机会可以去看看，晚上9点钟左右的互联网公司、设计公司和医院值班室,爸爸妈妈们对着手机,笑着和孩子视频:"宝贝,真乖,今天干什么了?哦,和姥姥吃肉肉了,真棒!好呢,快睡觉吧,乖。宝贝晚安。Good night, I love you……"温馨吗?温馨。可怜吗?这就是成年人的世界。

我们守护着自己的核心我,在前行中不忘弹性增长,带着一路走来的伤,独自在这片苦海里奋力地游,仿佛一停下就会沉落。这些不清澈也不完美的职场生活,此时的存在和流淌,就是圣贤所说的"学而时习之"的"习",我们思考了那么多,读了那么多年的书,我们的"学"终会落在"习"的维度下被自己检验,最后达到"悟"。

我们再来看看40岁的北京职场妈妈Linda的一天。6点半闹钟响起,她要叫小学一年级的孩子起床收拾准备,7点出门。家离学校大概4公里,不算远,但因为堵车,路上也要半个多小时。7点40到达学校,停好车,简单买个早点。不到8点把孩子送进校门,和孩子说再见,她自己再踏上去公司的路程,不到9点到达公司。这时距离起床已经2个半小时,她准时到达公司,算是打了个胜仗。之后就是一上午的开会、对接、开会、接待客户、吃简单工作餐……下午5点,她怀着忐忑愧疚的心情,去接孩子放学,因为其他同事还在工作。

在开往学校的路上,老板来了电话,问上次对接的客户的情况,Linda一边开车一边接起电话。通话结束之后,5点15有一个在线会议,Linda一边开会一边开到了学校。接上孩子后,在附近带孩子吃个简单的饭,她自己继续开会。吃完饭以后6点半,她还要陪孩子写作业。

　　本来想孩子写孩子的,她自己做自己的,去处理一下遗留的工作,但她一拿起孩子白天的作业,立刻火冒三丈。孩子小学一年级,这两天的作业大部分是"良"和"待达标",只有两个"优"。这深深刺痛了从小学习优异的 Linda。这可怎么行!于是,她开始陪着孩子改错,外加一些讲道理的教育,时间马上就到了 8 点,她自己还什么都没有做。9 点,当孩子去洗漱准备睡觉,Linda 又坐在电脑前,处理早就该做完的工作,心情和体力都低到谷底。Linda 的先生工作很忙,10 天里有 7 天在出差,剩下的 3 天在和领导开会,根本顾不上家里。

　　看完这些,你是不是觉得窒息?这就是大城市职场中年人的日常。你可能会问,为什么没有老人帮忙?各家有各家的难处,老人也有老人的生活。Linda 夫妇心疼老人,没有让他们参与育儿,同时觉得孩子应该自己带,在多重考量下,在这个家庭的"自己带"就是"妈妈带"了。妈妈不仅要带孩子,还要参与到压力极大的经济生活中。更不用说,这中间还会有各种突发事件:"××妈妈,你的孩子在学校流鼻血了,你来接一下吧。""××妈妈,××最近注意力不是很集中,你下午来一趟吧,我们聊一下。"

　　可能还会有朋友问:为什么不请个阿姨呢?这也是个扎心的问题。每个疲于奔命的职场人都希望自己有一个可靠、能干、会开车、会辅导作业的阿姨。为什么不呢?还是经济因素。这样的阿姨有吗?有,但是价格不菲,在北京的话,可能需要 1.5 万月薪甚至更高。

PART 5 混沌我

很多家庭即使收入不低，面对这个数字，也会望而却步。假设两个人的收入加起来一共到手5万，看着不算少，但减去1万5的房贷，剩下3万5，再去掉日常开销1万5，剩下2万，还没算教育经费。这2万如果给阿姨1.5万，就所剩无几，显然是不够的。

在这里，请问大家：你觉得Linda是一个把家庭和工作平衡得很好的人吗？如果问Linda本人，看你家庭幸福，事业也有成绩，请问你是如何平衡工作和家庭的呢？你说，Linda会给我们一个什么答案？

这个例子是家庭倾斜的代表，还有一部分家庭是共同承担育儿重担的。在这种情况下，我也见过爸爸因为在家陪生病的孩子而被老板指责，甚至用很难听的话揶揄的。老板觉得他不够男人，没把老婆搞定，还需要自己带孩子。而妈妈除了承担自己的那部分责任，还要担心爸爸带娃会不会由于粗心出各种状况。两个人一起带孩子也会出现管理问题，比如观念不统一、工作交接不顺畅等冲突和矛盾，因此并不是你侬我侬，而是福祸相依。中年人的生活，就是在天平的摇摆中达到的一种恐怖平衡。一不留神，就鸡飞蛋打。或者，我们可能从来就没有拥有过什么。这些经历，都是人世间走一遭需要度的劫。

在我的职场观察里，可以做到家庭不影响工作的朋友，是极少的。这种影响真实存在。像Linda那样做到兼顾，已经很棒了。作为普通人，如果家庭影响了工作，或者没有兼顾得很好，请不要自责，因为你已经很不容易了。我们看到的媒体中光鲜亮丽地谈着"生活经"的平衡个体，我在现实生活中也认识不少，但能像镜头前那样一比一符合想象的，不多。大多数人也就是一地鸡毛地活着。唯一不同的和我真心敬佩的，就是有的人能忍，可以保持体面，抬起属于自己的高贵头颅，向前走。这可能是我们普通人自己的试炼，也是中庸我在切实的生活困境中最大的力量。

《中东死生门》里，作家、纪录片导演周轶君回看她在中东做记者的经历，写道："回首那一段战地经历，虽如摩西劈开红海般惊心动魄，但在他身后，海浪又归于一处。我回到日常。商场里的声音，听起来也会有温情脉脉。"

成功以后的混沌怎么活

> 因为不知死何时将至,我们仍将生命视为无穷无尽、取之不竭的源泉。然而,一生所遇之事也许就只发生那么几次。曾经左右过我们人生的童年回忆浮现在心头的时刻还能有多少次呢?也许还能有四五次。目睹满月升起的时刻又还能有多少次呢?或许最多还能有二十次。但人们总是深信这些机会将无穷无尽。
>
> ——电影《遮蔽的天空》

上面讨论的普通人的生活日常更容易引起共鸣,毕竟一地鸡毛的日子上开出花来的智慧,我们多少有点儿体验。但对似乎处于另外一级的幸运儿,成功以后的日子,就真能让人脱离混沌、羽化升仙,从此幸福一生了吗?

关于什么是成功,以我的观察,一个人主观认知的成功更多是以家族财富地位为标尺去衡量的。凡是家族财富、社会地位达到前几名的,都算是成功吧。之所以这样定义,是因为凡是有类似情况的朋友,都会面对一些成功后的"处境"。跨得过去,海阔天空;跨不过去,万丈深渊。从心理学的角度讲,人离自己原生环境越远,需要应对的心理问题和社会问题越多。

我们讲了这么多，好像中庸我是职场上的强者，梦幻我在职场上多少是有点儿费劲的。那么梦幻我可以成功吗？就我的观察，答案是肯定的。一个人哪怕梦幻的比例很高，程度很深，也是可以成功的。世事无常，指的就是这一点。命运的大手把我们发配到何方，我们自己也不知道。核心我和弹性我的所谓努力，只能决定一个人的下限，至于上限在哪里，是不是抵达了成功的岸，谁也说不清楚。

于是"人成功以后，怎么活"就成了一个不能忽视的人生问题。

中庸我和成就的解离

> 为了改变自然的冷漠，我置身于苦难与阳光之间。苦难阻止我把阳光和历史中的一切都想象为美好的，而阳光使我懂得历史并非一切。
> ——阿尔贝·加缪 《置身于苦难与阳光之间》

每个人都会有自己的欲望，对金钱、权力、地位、名誉……从最基本的生活需求，到对富足生活的渴望，不一而足。欲望可以驱策我们去努力和发展，但它一旦失控，就会像一个深渊，让我们一山望着一山高，最后将我们和人性都拽入黑洞。美国心理学家、伦理学家亚伯拉罕·马斯洛（Abraham Maslow）在著作《动机与人格》（*Motivation and Personality*）中提到，人总是不断地产生新欲望，当一个欲望被满足，另一个取代的欲望就会出现。我们在达到任何一个目标的时候，快乐和愉悦的感觉很快就会被新目标的出现所取代，导致我们永远都得不到满足。一个人无论多么富有，如果任由欲望滋长，需索无度，肆意在权力和地位中寻租，那么他是很难获得幸福的，也会将自己置于风险中。

表5 事业有成的判断标准

你会拿什么来定义"事业有成"？（最多选择3项）

选项	选择该项的被试占比
实现财富自由	85.94%
有社会影响力	65.94%
成为高层管理者	35%
早日退休	27.5%
自己创业当老板	15.63%
一直干到退休	9.06%
其他	6.88%

来源：《新青年职场心智小调查》

这些道理在几千年前的东方哲学中也有所体现。儒家认为外物不可过多，否则会让人沉沦，心灵下坠。而道家的逻辑可能更符合现代人的审美。道家认为外物无错，有局限的是人心，"销尽有为累，远见无为理"。什么都想要，什么都不能不要，看到的都要得到，思想和身体就很难逍遥。

中庸我思维模式是节制的，无论是对待核心我的诉求还是弹性我的成长，都是如此：是我的，我要；不是我的，我不要。我要的可以再少一点儿。《逍遥游》里的"逍"也是这个意思，把执着消掉，把太多的"我要"消掉，人就没有那么多挂累，身体和精神就能驰骋，四处可游，拥有自在。

中庸我对成功的归因也有自己的路径。梦幻我的朋友在获得成功之后，因为核心我不稳固，自我很虚无，所以容易在大家的恭维中开始所谓的"膨胀"，将一切成就都归功于自己的运筹帷幄，认为所有功劳都源于自己的聪明和努力。他们凭着自己获得的成绩，陷入了一种高傲的状态。用哈佛大学政治哲学教授迈克尔·桑德尔（Michael Sandel）在其著作《精英的傲慢》（*The Tyranny of Merit*）中的话说，就是颇有一种"成功全靠自己，失败罪有应得"的傲慢。而在"这是我应得的"想法中，人就会慢慢地变了。

那么，如何可以始终保持一份冷静和理智呢？答案很简单，也很难——抓紧自己的核心我，随时随地找到一面真实的镜子，照见自己。中庸我思维会帮助我们保持谦卑，意识到运气和其他因素在自己获得成就中的重要作用，击碎傲慢，用各种形式把自己的所得给出去。

其实所有的企业社会责任，包括个体对社会的回馈，大概都是这个逻辑。例如，日本著名的实业家稻盛和夫，就是始终秉持着"敬天爱人"的原则，把成功和收益与企业员工们一起分享，并做了很多回报社会大众的事。他还在自己退休之后，将自己的股份全部捐给了自己企业的员工。《精英的傲慢》中对"贡献正义"的阐述，也能体现在获得一定成就之后回报社会的重要意义："当我们为公共利益做出贡献，并因为所做贡献赢得同胞尊重的时候，我们是最完整的人。"

此外，这样做还可以缓冲"成功的诅咒"和压力。千万级畅销书《美食，祈祷和恋爱》（*Eat, Pray, Love*）的作者伊丽莎白·吉尔伯特（Elizabeth Gilbert）曾在 TED 演讲中提到，在她的作品成为国际畅销书之后，人们在欣赏她的同时，总会替她担忧。"你不怕这辈子的成就都超越不了这本书了吗？""你下一部打算写什么？还能这么大卖吗？"从取得成功的那一刻起，往后的所有成绩都会被拿来与之前的高光成就进行一番比较。失败能击垮一个人，成功同样可以。

中庸我思维模式会阻止我们去认领全部的成就，这也是对自我的终极保护，因为带着这样的负担和压力走下去，我们很容易让自己陷入不满的状态。而在获得成功之后，建立一种将成就与自我切割的心理保护机制，可以让人活得更加轻盈。在核心我动态变化的过程中，我们也可以更加自如，不被过往成绩的惯性所捆绑。

听起来，给出去和少认领好像很治愈，也很简单。还真不一定。过度地给和毫不认领也是一种贪婪，是在追求另外一个维度的清澈，同样是一种巨大的心理负担和心灵折磨。有的人给出去，是践行一些核心我的价值，是在分离自己成功的归因外不属于自己的那部分，但有的人给出去，是因为厌恶自己获得的一切，否定核心我，是想通过"给"，在他人那里求得终极的仰望和高尚。

1877 年，文学巨匠列夫·托尔斯泰完成了他不朽的艺术杰作《安娜·卡列尼娜》，从此将他热爱的文学创作事业推向了巅峰。托尔斯泰出身贵族，生活优渥，有温柔贤惠的妻子和安宁幸福的家庭。人生至此，很难说有什么不如意的地方。然而，在事业上取得了如此巨大的成功之后，托尔斯泰却陷入了前所未有的精神危机。19世纪70年代末，在当时的社会思潮影响之下，他愈发困惑：这一切的所得究竟有什么意义？

茫然的托尔斯泰开始了无尽的思考和追问，"人为什么要活着？""生命的意义是什么？""如何找到永恒的真理？"这些关于存在和生死的命题像潮水一般激烈地冲击着托尔斯泰的灵魂，最终给他整个人生观和世界观带来了巨变。美满的家庭变成了奢靡、罪恶的贵族生活的一部分，让托尔斯泰寝食难安；凝聚着前半生心血的文学创作被他斥为"老爷的游戏"，他决然地推倒了作为文学巨匠的自我，转而写作大量批判现实的政论和道德小品文；他把自己的特权视为一种耻辱，竭力靠近农民的生活，甚至想把自己所有的财产都分给农民；一直以来为他悉心操持家务和事业的妻子无法像他一样脱离世俗的价值观，在精神上与他渐行渐远，两人之间争吵越来越多。

自此，托尔斯泰的精神世界一直承受着巨大的张力，在"人情"和"道德"之间苦苦挣扎。生活上，托尔斯泰是个精神力强大的人，他对世俗生活各种各样的欲望都在拉扯着他苦行僧式的道德准则。托尔斯泰的晚年一直在这种灵魂的躁动不安中度过。直到1910年，82岁高龄的他决定离家出走，试图去寻求更纯粹、更忠于信仰的生活，却在途中不幸病逝于一个小火车站，倒在了追寻真理的路上。

喜爱托尔斯泰文学作品的俄裔美籍作家纳博科夫曾这样评价他："托尔斯泰径直迎着真理而去，低着头紧握拳头。他找到了那块曾经竖立过十字架的地方——抑或就是他自己的模样。"

其实，随着年龄的增大、阅历的增长和激素的变化，一个人的核心我野心里会有更多"虚"的成分。精神层面的追求也是一种野心。稻盛和夫曾经说："人生是为心的修行而设立的道场。"古有"修身齐家治国平天下"。即使是我们熟知的《西游记》，也是一场修心之旅。

当然，这个修也不是指修空中楼阁，不然会产生一轮新的虚无。我曾经在一些活动中，为了宽慰年轻人，说过"焦虑的反义词是具体"。这个逻辑对成功之后的日子也适用。人要贴近劳动本身，不架空自己的心。很多人一旦坐到一定的位子上，就喜欢假手于人，不去做具体的事情了。这样做在某些维度上是对的，但如果长期这样，事事这样，就很容易与空虚相伴。这也是为什么一些行业大佬，开始钟情于手工，比如种树、种花、做桌椅板凳紫砂壶。人类是一种与劳动共生的生物，这是刻在骨子里的踏实。核心我里的野心不仅是对外的打怪升级，而且是对内的匹配修炼。

说回托尔斯泰，如果他生活在现代，我会拉着他一起做自媒体，用视频、音频、直播、答疑把自己的灵气广撒大地，接触真实人的真实困境。可以想见，直播间会冲进大量粉丝，问他：你好泰叔，我是该考公还是考研？我是该跳槽还是忍着？没房子能不能结婚？

总是胡思乱想怎么办?

处一阵后,泰叔也许会发现,自己上下求索而不得的真理就在一点一滴的具体之中。

PART 5
混沌我

"卷"和"躺"的主动平衡

> 冰火两极，只有相互补充，配合得当，才会产生最完美的和谐。
> ——斯蒂芬·茨威格

2022年开始，最年长的"00后"正式步入职场，"00后整顿职场"的话题被一次次推向热搜。一时间，"佛系""躺平""摆烂"成了Z时代语境下互联网上的时髦词语。

大家在平行空间，大声地表达着对"996""007""狼性"的对抗。70后的家长们自然是不开心的，想说要努力啊！要加油！不奋发怎么能行呢？！我们年轻的时候……但这些声嘶力竭的怒吼，似乎没人买单。两代人对职场的认知，基本上也是"你说你的城门楼子，我说我的胯骨轴子"，各说各话。

其实，冷静下来想想，这两种观念好像也没有那么对立。家长们真的希望自己的孩子年纪轻轻，就锁在水晶盒子一般的大楼里，坐在格子间996，没有一点儿"我"吗？应该也不是。只是，家长们期待"成长""向上"，害怕"停滞""坠落"，因为不进则退，这是某个时代的执念。而年轻人真的反对奋发吗？就我的观察，也不是。我在互联网平台直播了几十次，每次说到"我们要有志气，要呵护自己的想法，要站着活"的时候，往往是弹幕最多、讨论最热烈的节点。我一点儿也不觉得年轻人反进步、反成长，相反，按照常识，这些网络原住民，从小打怪升级玩着游戏长大，怎么能对热血前进无动于衷呢？

这时候就会发现，中庸我还是梦幻我思维，在日常的对立里对思考是很有帮助的。用中庸我思维去看，会非常清楚地看到，年轻人的叫喊表达的是对"核心我"的索求和捍卫。这是多么可贵的代际资产。

而我们的职场调查发现，在评价自身努力程度时，有 46.7% 的职场人认为自己处于躺也躺不平、卷也卷不动的状态（见图 10）。

年轻人其实很苦。他们想要"自我"但不得方法，还要在内心的落差感以及社会的高压环境下前行，耗尽了心力。他们不想重复"没意思"的事，不想无效内卷。这何止没有错，简直太棒了。如果有选择，谁愿意表演上班，而不愿意酣畅淋漓地挥洒青春热血？这不科学。

在大的背景下，网络上一边进行着极致的宏大叙事，一边关于心理的各种科普内容层出不穷，但挖下去看，掀起伤疤的多，解决问题的少，所以隐性我的部分，也属于"半吊子工程"。意识到这点当然是好事，但然后呢？这也是当代年轻人的一个新痛点。

我们要做的，可能不是去说教和打压青年的一些表面上的"口号"，而是鼓励大家去找寻自己的核心我，用适合自己的方式和节

图 10 躺不平、卷不动的职场人

奏去过自己的人生。

我们的职场真的卷吗？

都说职场非常卷，各行各业都是。但你冷静想一下，真的是这样的吗？就我的观察，职场的卷，卷在了特别有意思的地方——卷门槛，卷各种要求，卷各种刁钻的敲门条件。人们为此打破了脑袋，耗尽了气力，进去以后，却仿佛一切都 OK 了，开始想着如何划水、摸鱼、摆烂："差不多就行了。""职场又不是我的生活，混着不被开就行。""你又没有花钱买我的命，我为什么要全力以赴为你卖命？"

一时间，似乎认真工作、勤恳耕耘，变成了一件很傻、很没有性价比、很过时的事情。甚至，我最近还听说了一个新词"努力羞耻"。努力成了羞耻的事。谁想努力，就得藏着。努力是丢人的、不酷的、不值一提的。

有一次，我在网上买了一条活鱼，备注要宰杀服务。在约定的时间，鱼来了。你说它没被宰吗，确实是被宰了。你说它被宰了吗？还需要我再加工和收拾，才能烹饪。鱼鳞刮得很不干净，所有鱼鳍附近"死角"的鳞都没有处理，肚子掏了，但是乱七八糟的，离骨头近的筋膜都没有掏开处理，这样直接烧的话，会非常腥。

这条享受了"宰杀服务"的鱼，还要我继续收拾大概十来分钟才能去烹饪。我录了个视频，说了这件事情，感觉提供宰鱼服务的人做事不认真，各行各业都还有很大的空间可以努力。结果，网友的评论让我惊讶。

不少朋友为宰鱼师傅鸣不平，觉得我这是吹毛求疵，讽刺我的"要求"是毒鸡汤。

"收拾干净的是专家，收拾差不多的才是正常水平。"

"宰鱼在量不在质，你没有额外的激励，师傅为什么给你弄干净？弄了就不错了。"

"我们大部分人其实能力普通。就说卖鱼这件事，又得要卖得多、杀得多，又得要收拾得干净，这其实就很难。真做到又有速度又有质量的卖鱼摊贩，其实相当于一个杀鱼领域的专家了，但是专家那种地步，本身就是可遇不可求的。"

有的朋友觉得这是行业和管理的问题，不能怪个体。

"个人的努力是没有止境的，但个人努力得到的回报与付出的投入产出比是有客观限制的。结构性因素的结果，不应该归咎于个人的投入不足。"

"这可能需要看不同行业的业绩标准和 ROI（投资回报率）？每个人都会有自己内心的衡量。有些行业计件，质量过得去就行。有些行业注重品质，可能就需要更精细化的服务。"

这个评论区的风格，让我有点儿难过。一个职场人，如果想要发展，最重要的抓手之一，就是认真的事情认真做，不管是择业、求职还是入职后的工作，都把自己手里的事情尽力做好、做精致。只有这样，才能有向上的机会。这也是一种向上管理。

在职场上，面对"嘴上说着不在乎，心里比谁都焦虑""卷又卷不动、躺又躺不平"的两端摇摆，究竟应该怎样做才能让自己过得自在、流畅？

中庸我思维告诉我们，这时候不要着急回答，要去问问核心我。工作是不是核心我诉求中必需的。你可能会说了，必需什么啊？我只不过想赚钱养家养自己而已，别整这么高大上的。如果是这样，其实这也是一种必需。在你的核心我里，没有对工作的诉求，但有对收入的诉求，而收入代表着对生活的诉求，这也是核心我。

还记得核心我的社会交互吗？选择了工作，占用了工作岗位和资源，就应该把自己手头的事情做好，创造好价值，去让别人为了我们的核心我买单。特别是对我们普通人而言，干一行爱一行，是我们在职场上生存和发展的"捷径"。正是因为别人都在倦怠，我们专注于手头的工作，将它做到精致，才有机会让我们的努力被看见，稳定、机会、晋升、金钱和贵人才会接踵而至。

你可能会觉得，我们普通人就像前面提到的卖鱼师傅一样，能有什么上升？这个破工作根本不值得我去付出，等我有机会了，我自然会展现自己的实力！这个想法我是不认同的。我因为爱吃，所以加入了一个很好的美食群。群里很多餐饮大佬都是草根出身。我听他们聊过这样的故事：一个草根出身的孩子，把自己卖的菜收拾得漂漂亮亮，卖水果童叟无欺，卖肉不嫌麻烦，一两也卖，多少都给切片切丝，随你喜欢。凭着这股认真劲儿，他在普通到不能再普通的岗位上，抓住了某个商机，结识了贵人，一步一步成为别人眼中的大佬。

认真、安在是属于普通人的武器。

道家讲人的发展，形容脆弱的自我像一团气一样被装在一个肉体的"器"里。心引领着气向上，就是形而上，向下，就是形而下。我们追求的是拥有向上的行气。本分、踏实和劳动，都是为了这股向上的力量。

干一行爱一行，本身就是很动人的事。坚持干好自己的分内之事，就会有同样气息的人来赏识你，会有更多的核心我来与你交互。同声相应，同气相求，是非常朴素的宇宙真理。你可能会说，错了，领导都喜欢有背景有关系的。假如是这样，那咱们有吗？如果没有的话，是不是要想想别的办法？

创造价值，认真生活和做事，是最好的投名状，是普通人核心我中散发出的光。

中庸我该怎么卷

正确的卷法是去好好发展，快乐地卷，而不是当一个偏执的神经病。毕竟人生有大把美好，时间花进去了，要考虑 why 以及 how 的问题。下面我们就来聊几点中庸我的卷法。

多数事躺，少数事卷

人生需要主线，工作也是一样。所有事都卷，就意味着所有事都卷不好。卷到五成，等于没卷，显不出什么，白费功夫。在核心我的部分以及弹性能力1时间管理的部分，我们也谈到了这个思维。这里再啰唆几句。一天里重要的事情最多三个，是一定要完成的。对待这三件事情，要卷起来，必须做完、做好、做出色，这是我的坚持，是核心我在这一天中的践行方式。

至于其他事情，突发的也好，常规的也罢，慢慢来，可以随性一点儿，开心一点儿。躺，甚至躺平，都是可以的。同样地，在一个月、一个季度、一年中，也可以找三件自己看中的事情，尽力花时间和精力做到最好，做到让人记忆深刻。这会让我们有成就感，日子流淌下来，积累也会越来越多。这就是一个普通人的转折点，就是核心我的重大践行方式和重要增量。你会发现，世界开始明媚了，那些关上的门，也在一扇一扇向你打开。

如果你继续说，我就是对这个世界毫无兴趣，什么也做不好，那就收拾屋子吧。就我的观察，能把屋子收拾得干净整洁的人，也能过好日子。

短期的事情躺，长期的事情卷

我们一般会觉得，战线短的事情要抓紧，尽力向前冲；战线长的事情反而时间充裕，不着急，可以慢慢来。但细想一下，一件事情可以长期贯穿我们的工作，正说明它更有价值，对我们的工作和发展更重要，在我们的核心我中权重更大。所以对一件长期的事情，更需要保持对它的野心、初心和热爱。这才是一个人的生命力所在。

比如，对当前工作，你纳入核心我的长期目标是，能够在未来承担某个特定职级的工作，那么这就是需要你全力以赴去卷起来的长线任务。为了实现这个长线目标，你可以把步骤细分，以年、季度、月、周为具体单位，在方向确定的前提下明确需要提升的能力、获得的认证、完成的经历和业绩，对待每一小步都要卷起来，做到能力范围内的最好。而对其他无关紧要的事、从核心我的范畴内被剔除的事，就平静地面对和处理。对支线任务，有精力就多做点儿，没有就松松手"佛"一下，甚至去摸摸鱼，都是可以的。

对长期核心我目标的执着和野心，是抵御无力感和无意义感的良药。哪怕工作中有再多的无助、无聊、不堪，这些核心我目标激发出的力量，都能让我们感觉到工作和生活的意义，也都是支撑我们前进非常重要的动力。

情绪上躺，行动上卷

我们生活在混沌的环境中，面对着繁杂琐碎的工作内容，很多时候会变得暴躁不安，内心焦灼，无暇顾及行动。但倘若我们可以接受混沌这个事实本身，在情绪上放松些，将注意力放在行动上，事情就会有所不同。

举个例子，领导在周一安排了周五的员工培训工作，要做一份培训用的 PPT。这件任务被交代给了小王。于是，这件事每天都在小王的脑海中打转。"好难啊，需要多久的时间呀？""做成什么形式领导才能满意呀？""我不喜欢做 PPT 啊。""领导就是形式主义，自己不好好讲，非要做 PPT 给他贴金。"本应该打开软件开始做片子的手，却不自觉地在电脑文件夹中东点西点，放空自己。同事聊八卦的时候，他也不自觉地竖起耳朵，插上几句。他还盘算着，周末和朋友露营要带些什么东西，穿什么样的衣服才更出片。他内心焦虑地上演了一部连续剧，但动作上一点变化都没有，拖延到不能再拖。

小王的脑内小剧场，其实源于面对未知的东西想找一个答案的需求。但很多时候，答案不能在混沌的大门之外找，而要在里面找，要做下去找，在浑水中摸出鱼来。

行动是调节情绪的良药。当行动卷起来的时候，每天做一部分事，情绪上就会轻盈起来，负担会变小，混沌会变成中庸我的背景。我们终究是主角。

中庸我与"我是我自己的"

面对别人的评价、指责，中庸我可以选择性地躺平，因为这些不是核心。中庸我可以把精力放在自己关注的内容上，无论是核心我的本质、弹性还是隐性的心理需求，都要以自己为中心。

梦幻我则会把自己的注意力放在来自外界的声音上。这时候，我们的核心我在松动，在被他人定义。同时，梦幻我的隐性自我中有一部分需要他人肯定的滋养。"求认可"是梦幻我一生的功课。如果没能完成这门功课，我们就会对别人的评价较劲，试图去"争气",堵住别人的嘴。这些看似很厉害、为自己争取认可的行为,其实是一种对核心我内心声音的忽视和躺平。

2022年初,我在樊登读书(现在的帆书)讲过一本心理学书籍《被讨厌的勇气》,至今播放量已有500万次。里面有一个概念,叫"课题分离",可以很好地帮助我们缓解情绪的内耗。其实做到"课题分离",就是中庸我的生存之道。

当别人提出要求或是建议时,我们需要思考的是,这个建议属于我的核心我诉求吗?属于我的弹性发展的部分吗?如果他的意见有道理而且是我的核心我诉求,那就将其内化,去改变,去卷,立刻行动;如果他的意见不是我目前想要弹性发展的,或者根本不在我的核心我需求里,那就将其抛弃,去躺,保持原状。我们只需要就事论事,做出想做的回应就好。至于对方对此怎么想,他会不会有所腹诽,觉得我们不好相处,那就是他的问题了。

真能做到0°躺平和90°内卷的,估计都是神人。我们普通人真正追求的,是一种平衡,一种主动的45°职场生活。不盲目激进,也不轻易放弃。在多与少、远与近、情绪和行动方面合理支配精力,既热血,又松弛。

斜杠：
混沌中成为我自己

> 我想请大家去写各种各样的书，不管书的主题或大或小，都不要犹豫。我希望，大家无论通过什么方法，都能挣到足够的钱，去旅行，去闲着，去思考世界的过去和未来，去看书做梦，去街角闲逛，让思绪的钓线深深沉入街流之中。
>
> ——弗吉尼亚·伍尔夫 《一间只属于自己的房间》

美国《纽约时报》专栏作家、律师、记者、写作教练玛希·埃尔博尔（Marci Alboher）在 2007 年的著作《成就斜杠人生》（*One Person/Multiple Careers*）中提到，如今越来越多的年轻人不再满足于"专一职业"的生活方式，开始选择一种拥有多重职业和多重身份的多元生活，于是一大批"斜杠青年""斜杠中年"以及"斜杠老年"应运而生。而远程技术的发展、线上作业的普及以及个体失业风险和经济压力的增大，都使得斜杠变得越来越常见。

有人觉得这是舍本逐末、不务正业，也有人用一条斜杠、一个新 title 来拓展自己生命的宽度，不设边界地丰盈自己。在我们的职场调查中，有 5.31% 的职场人在工作之外经营副业。

就我本人而言，在日常工作中，我是一名大学老师，工作内容大致分成三个部分：一是教学，二是科研，三是学校的行政事务。在学校里，我是一个班级的兼职班主任，还带着一个30多人的科研团队，同时还是一些学术协会的理事委员，是一家SSCI期刊的副主编。这些可能也算是斜杠，属于比较常规的种类。

2022年3月1日，我在Bilibili上发布了第一条视频。我的"非常规"斜杠生涯正式拉开了序幕。

那么我为什么要斜杠呢？2022年，我工作整整十年了。作为一个内心能量没有那么足的普通人，一路走来，我的核心我中的目标部分很简单，教书育人做好行政事务工作，主打一个线路少和本分。很多外界事务，都因为不合乎我的核心我，被删除了。

年近四十，我也在思考人的意义，尤其是前几年常足不出户，望着一冰箱的鸡蛋和网课屏幕上的寥寥头像，我就会想，我的核心我是不是缺了一些东西，或者说，是时候来一些核心我的弹性增长了。

在那个时间节点，我想起高尔基的话"给永远比拿愉快"。我一个文弱书生，除了写论文和做了几十年的研究，什么也不会，我能给这个世界干点儿什么呢？

核心我变化了之后，就是一个疯。

一个拍照都不太行的人，开始录视频，做自媒体，以愚蠢又清澈的心，想要在人类的长河上，把自己会的一点点东西，借助互联网平台传播出去。我的上一本书《学术咸鱼自救指南》以及这本书，也是出自这样的想法。

我在做自媒体视频的时候,关键词就是一个:成长。内容主要有两个方向:职场和学业科研。这两方面分享可以说是我最熟悉的内容。研究职场中人的心理和行为,是我的专业。在这个方向上,我做了20余年的研究,所以和年轻人聊职场,是科学普及工作,是把我自己了解到的一些专业上的内容,用直白的话和生动的形式,传播到更广泛的人群中。这部分是我职业描述之外的分内事,是前文中高尔基说的"给"的幸福。

而和大家分享如何做学术,则是在专业科普的过程中衍生出的内容。在向大家科普专业内容的时候,我有幸结识到了很多年轻人。在和他们交流的过程中,我发现无论是处于本硕博哪个阶段的学生,都会有迷茫和困惑。这让我感到有些不忍。如果是自己的智力、体力、能力影响了发展,这无可厚非,但如果是思维模式的掣肘影响了前途,我会替大家感到不值。

在这个过程中,我得到了职业生涯中密度最高、最直白的正向反馈:点赞、评论、私信和直播连线的表达。而在与天南海北的"云学生"交流的过程中,他们提出的问题带给我很多启发,让我在自己的学校工作中更了解自己的学生,能更好地指导班里的同学。同时,关于职场的一些对话,也让我对自己的研究课题有了更为立体的理解,也让我动了写这本书的心思。

"给"的幸福：核心我的弹性

我们前面讲过的核心我，包含一些客观的特质和一些自身的精神和物质追求。似乎这个我是个大包裹，里面是要装上东西，才会更丰富。但其实，中庸我思维会告诉我们，核心我的重要性在于给人定力，起到定海神针的作用。所以，核心我的丰富可以通过求索来获得，也可以通过付出来给予，而后者是一种很大的力量，能让人拥有的东西活起来，让整个自我更有弹性。

所以在斜杠这个层面，中庸我思维会带着我们去让自我变得更有弹性的地方。

市面上经常有这样的说法："那些月入过万的副业工作""适合年轻人做的斜杠工作"……这样的标题总会吸引眼球，让人有一种费不了多少功夫就能轻松凭所长获得多重身份和丰厚收入的错觉，但当真正实践起来的时候，"轻松"很容易就变成了"负担"。为什么会这样呢？可能就像前文说过的，有些副业是在消耗核心我，不是在丰富它。

我的理解是：好的斜杠不是副业，是主业的延展，不是再次索取，而是把拥有的给出去。那么怎么区分斜杠和副业呢？简单来讲，如果你的斜杠，对现在的本职工作只有消极影响，就不要去做，如果有的是积极正面的影响，就去做。

你可能会说，不是啊，我的本职工作就是求个稳，我找个稳定工作就是为了去做副业的。这是我不太认同的做法。即使在如今考编热潮下，我依然坚持自己的观点。

我们找篇论文，看一下体制内工作岗位的胜任力模型。这种模型大致包括：诚信正直、忠诚老实、成就动机、自我约束、团结合作、吃苦耐劳、工作热情、目标导向、政治认知、学习能力、心理调适、表达能力、执行能力……

用大白话说，就是要有"为人民服务"的意识和行动。想要找这类工作的你，是这么想的吗？你的核心我里有这些召唤吗？

这可和我听到的一些初心大相径庭，里面也没有"稳定""躺平""高人一等""趋利避害"这些关键词。至于有没有"斜杠"和"副业"的空间，大家也可以自己判断。

人生维度的"斜杠"延展

"斜杠"一词虽萌蘖于现代，其实历史上好多人物都斜杠得很，比如人见人爱、花见花开、热爱生活又极其浪漫可爱的"斜杠人士"——苏东坡。

虽然他自嘲自己的人生"不合时宜"，但作为诗人，苏东坡与弟子黄庭坚并称"苏黄"，是北宋诗歌最高成就的代表；作为词人，他与辛弃疾并称"苏辛"，是北宋豪放词派的开创者；作为书法家，在"苏黄米蔡"这四位北宋书法大家代表人物中，他稳居"C位"；作为画家，他是北宋"竹派"的代表人物……除了文人的这些斜杠范畴，他还是大名鼎鼎的美食家。他不仅会叫外卖，还精通美食创作和鉴赏，还完美地让这些斜杠角色联动，将对美食的热爱直白地表达在400多篇诗赋中：《猪肉颂》《煮鱼法》《食荔枝》《浣溪沙·咏橘》《为甚酥诗》《野雉》《送笋芍药与公择二首》《豆粥》《老饕赋》……大家看这些标题，像不像美食自媒体起的十万加爆款标题和热门视频封面？除了懂吃，他还爱好烹饪，用杏酪蒸羊羔，用酒煮蛤蜊，做糟蟹，还发明了流传至今的东坡肉。

诗人、词人、画家这些身份对一个文人都很合理。吃喝是人生大事，美食家的身份对他来说也可以想象。他的斜杠中最令人惊讶的是，他作为一个"文科生"在建筑方面的实力。他在任杭州知州的时候，就利用疏浚西湖挖出的淤泥，构筑了有"烟柳画桥"之称的苏堤。他也不会想到，当初带着20多万人进行的一场浩浩荡荡的"水利改造"，多年后会在巴黎召开的第35届世界遗产大会上，被打包进西湖，成功申遗。

每每看到大家对苏东坡"档案"的新补充，我都不禁感叹："东坡，你还有多少惊喜是我不知道的！"没错，他还是个"养生博主"，自创了一套"东坡瑜伽"：控制呼吸，屏气凝神，静坐"修炼"，放松身心……听起来有点儿像我们现代人所说的"正念冥想"。苏东坡不仅爱美食，还食之有道。在饮食方面，他强调"已饥方食，多吃蔬菜水果"，吃饱以后，就算美味珍馐在前，也应"面不改色"。

苏东坡的"斜杠"人生并非寥寥数语可以说清道明，而在这些为后人所喜爱的多个斜杠身份的背后，其实只有他自己最了解自己这一生"问汝平生功业，黄州惠州儋州"有多么颠沛流离，有时甚至穷困潦倒、凶险万分。现在我们称赞他全能、斜杠，而在北宋，科举仕途可是检验读书人价值的唯一标准。可以说，苏东坡的"斜杠"人生是与当时普世成功观相悖的一场"突围"之旅，是一个丰盈灵魂的自我救赎。

被贬黄州后，他心情十分苦闷，但迫于生存的需要，他转移注意，开始琢磨省钱之"法"，搭建"雪堂"，春种秋收。生计不愁后，他又开始充实自己的生活，与周围的民众谈天说地，和安国寺的僧人下棋，用朴素的食材做出了名小吃"东坡饼"……黄州是他修炼强大内心的起点，最终也让他悟出"此心安处是吾乡"的道理。

有一些分析说，苏东坡的乐观源于他对人性的信念，这似乎成了他的信仰。林语堂所著《苏东坡传》有言："吾上可以陪玉皇大帝，下可以陪卑田院乞儿。眼前见天下无一个不好人。"但我总觉得，他在逆境中一点一点积累的"道"，铺就了他的"斜杠"人生。而这些"斜杠"，可能也让他对人性的信念和期待挪移到了更加稳定的体验中。既然人可以创造出这般那般美好的事物，那他们的高低善恶又如何会妨碍我的生命前行？

混沌中的求学选择：
弹性核心我的功课

> 学习是一种生活方式。
>
> ——钱锺书

"本科毕业能找到什么好工作？""读研就是在逃避现实。""留学就是水一个学位。""读博是逃避现实的鸵鸟行为。""都一把岁数了还想着重回校园，就是痴人说梦。"……

每当人生需要做选择的时候，我们好像都会听到一些非议。很多人觉得本科学历就业难，考研就是在逃避，留学是因为在国内考不上好的研究生，才去买个学位，读博是浪费时间，会变成书呆子。

但学历这东西的美妙就在于，它是成人世界少有的"不用解释"的硬通货。就单单这一点，也足以吸引人们去追求。博士学位同理，你可以调侃一万句，什么"有高学历还不是没房没车""研究生还不是给我中专的打工"，但不能否认的是，你没有，就是没有。

所以我非常理解工作之后重回校园的心，但也要提醒大家：认知的提升可真不一定需要通过上学去获得。已经 2024 年了，大把

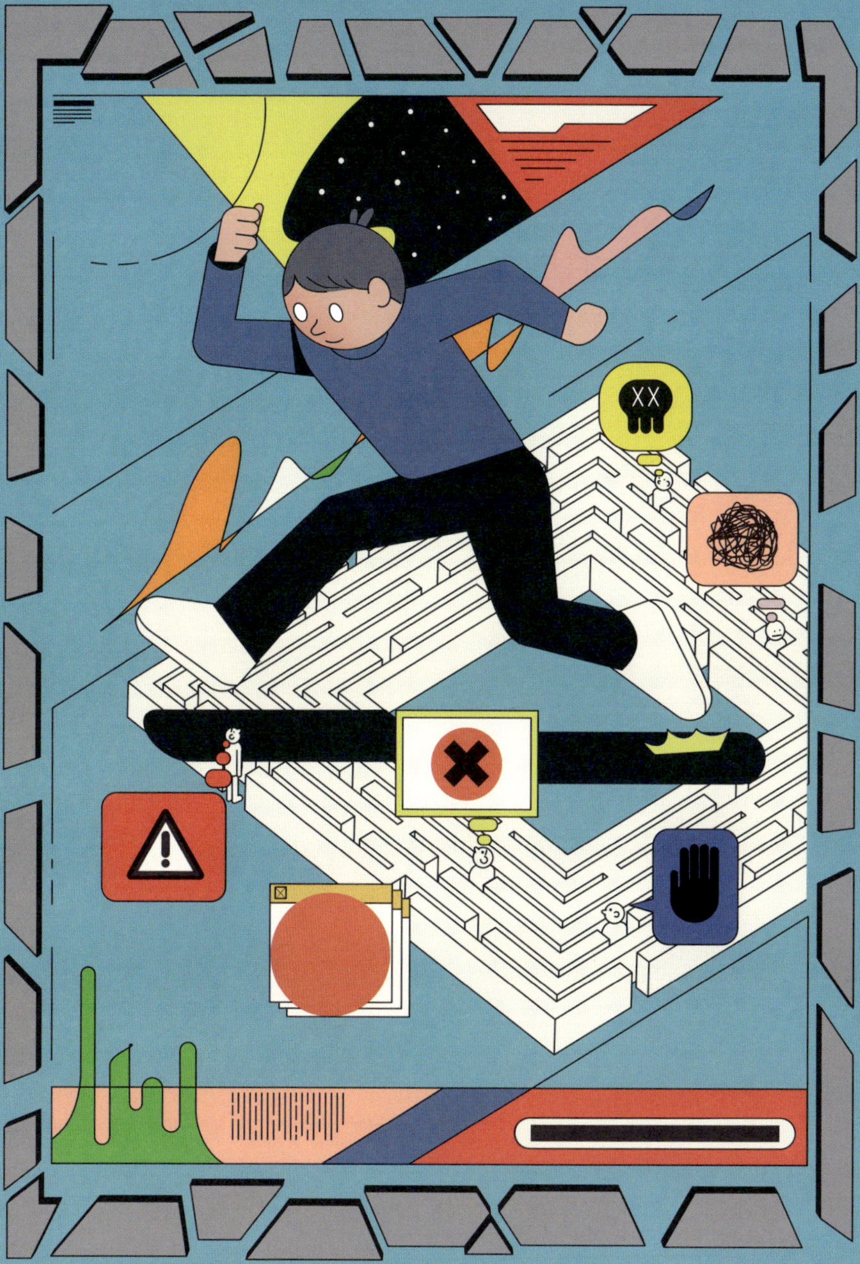

混沌我

在成长这条路上,我们会和混沌的事物与环境碰撞。
这些重大的撞击是让核心我更加凝聚还是消散,
是自然外物对个体脆弱的终极挑战。

的高品质公开课悬挂在伟大的互联网，知识付费的潮水已经退去，免费的知识到处都是，学习的唯一要素就是有想要学习的心，而不是考研考博这种硬性标准。你可能会说，我要进行系统化学习，我要有学习氛围，我要去图书馆。以我从教这些年的经验来看，毕业了都不知道图书馆的门朝哪边开、数据库不会用的学生，比比皆是。

如果看到这里，你还想继续上学，给核心我加上一些客观的筹码，在做选择的时候，有哪些需要考量的地方呢？我们下面就来聊聊。

现实意义上的"适合读博"

最近收到不少问题，都是咨询读博士的职场人。其中有部分朋友想要辞职读博进高校，还有的朋友想读个在职博士。就我的了解，对在职博士，国内好的高校，竞争的层面和维度都更高，不是我们想当然的周六日混一混就行。出国读博的一些简易路子，政策变化的风险仍在，就不在这里讨论了。

做学术并不适合所有人，或者说，学术道路上的苦不适合所有人。对每一个找我表示未来想读博士的同学，我都会推荐他去看一场演讲——《以学术为业》。这是德国著名的社会学家马克斯·韦伯（Max Weber）于1919年在慕尼黑大学对青年学生们做的著名演讲。与让人听罢就感到斗志昂扬的辞章不同，韦伯的演讲更有一种理性的冷峻，揭示了学术人光鲜背后的残酷真相。

相较直接给出"如何做好学术研究""做学术有哪些好处"这些问题的答案，韦伯的演讲更具有一些"劝退"的性质。"煎熬""平庸""挫败""无尽的苦"是这篇演讲的关键词。

而现如今的学术工作者面对的压力，比起韦伯的时代有过之而无不及。以做学术为志向和职业，就意味着面对读不完的文献，发不出去又改了一遍又一遍的论文，写不完的东西，收不完的拒信，一次又一次对自己的研究乃至学术工作意义的质疑，还有来自学校的行政要求、教学压力。而学术环境的"内卷"，也让教职工作的门槛越来越高：毕业院校的排名情况、所用模型的复杂程度、论文发表的质量和数量、中英文顶刊的"双肩挑"、学术实力和社会影响力的多元发展……这是现在的形势，也是未来的趋势。

除了这些世俗的挑战，作为一个学者，我们还会面对一些研究和教学中理智与情感的权衡，比如，我们社会科学在做观察和假设的时候，包括在教学的时候，应该把个人价值和好恶放在什么样的位置上，如何可以既有对人类的悲悯和热情，还具有冷静的、不偏不倚的思考和表达，都是年轻的学者需要去思考和调整的。

韦伯在演讲中说过，"学术生涯是一场鲁莽的赌博"，需要在不断的挫败中煎熬和斗争。这就需要一个人先有投身学术的使命感，再投身其中。

我告别自己的博士生涯也有 12 年的时间了，这些年里，我见证了无数博士朋友的酸甜苦辣，下边我就通过四句话来帮助大家判断，自己适不适合去冲一把人世间的最高学位——博士，给自己的核心我加入一颗美妙的客观"奖牌"。

"为了获得博士学位我愿倾其所有，搏一次。"

正所谓"热爱可抵岁月漫长"，读博士尤其需要热爱和执着作为动力去跨过众多障碍。首先，读博是一件对人消耗很大的事情。每一个理论的学习，每一篇论文的阅读，每一种统计学方法的实践，每一次实验的设计都需要你去学新东西，去动手做。导师能提供的不过是一些方向和学术资源，更多时候需要你自己一遍又一遍地去思考、练习和修改。这期间，必然会存在认知的拉扯，是很痛、很苦的，需要你忍耐和克服。同时，除了学术本身带来的身心压力，师门关系、项目和基金的申请、自己无法满足的物质欲望、家庭关系、伴侣关系等，各种各样棘手的问题都会出现在你面前。另外，读博有风险，能否按时顺利毕业是个未知数，能否获得梦寐以求的工作offer也是一个未知数。

"对科研，我很勤奋，能够每天从早到晚全心投入。"

读博可能是对懒人这辈子最大的诅咒。"每个普通人家的博士孩子都是卷王"这句话一点儿都不过分。学术从来都不是一件心血来潮的事情，高兴就多读两篇paper、心烦就放空一个月再说的"间歇性摆烂"在读博这条路上是绝对行不通的。除了日常的课程安排，我们在博士期间还需要参与一系列的项目。这些项目可能处在不同阶段：有的只是个刚刚开始的想法，有的已经在收集数据做实验，有的在处理数据，有的在写作阶段，有的在投稿审稿阶段。

此外，我们还需要参与教学、做助教，承担招募被试、报销、编制预算、准备立项、审核、结项等组内杂活。这所有的事情会堆积在一起，将你的私人时间一再压缩，让你几乎没有能停下来的时候。如果指望在寒暑假进行休整，那很不巧，对读博的人来说，寒暑假是一个绝佳的、整块的做科研的机会，写论文、申请基金等工作会将这段时间填满。

"我足够坚韧，能够对抗过程中的失败和消极情绪。"

无论读博还是做学术，对情绪的消耗都很大。一方面，这是一个孤独的过程，大部分时间你都在一个人埋头苦干，做着一件世界上可能只有你知道和理解的事。另一方面，投入大把的时间和精力，并不意味着就一定会有一个出色的成果，很有可能你的想法会被一次次推翻，提交的论文被一次次退稿，而且这样的情况会持续发生在整个读博期间。所以，良好的情绪调节或者说忍耐能力，对每一个读博人来说都是十分必要的。虽然在情绪耗竭的时候，你可以向身边的朋友、家人、老师寻求鼓励和情感支持，但是外部支持是有限的，最终还是要自己去面对挫折，在低谷和混沌中前行。

"我可以控制自己的物质欲望。"

对有丰厚家底的人，物质可能不是大事，但对大部分普通人，经济压力是非常现实的问题。以我任教的北京师范大学为例，博士津贴每个月只有 2000 多元。即使是在国外大学获得的全额奖学金，也只能覆盖学费和基本生活费。应付生活开销是足够的，但也就是"刚刚好"。兼职赚钱这条路，几乎也是行不通的。就像我们前面提到的，科研会占据你几乎所有的时间和精力。这个阶段，不静下心来读书积累，而是去做兼职，是性价比极低的行为。所以，是否可以在读博期间控制住自己的物欲，看到同龄人拿着不错的薪水过很好的生活时，能不能静下心来熬夜做实验，回到逼仄的宿舍做研究、写论文，这是个灵魂深处的问题。

如果这四句话你都很认同，觉得"我就是这么想的"，那可能读博就是你的本命选择。如果看过之后，你有所迟疑，实践会是更理想的衡量尺度。可以利用各种办法，争取一下参与真实科研的机会。体验一下，才会有真情实感。

另外，无论你处于哪个阶段，你都可以联系一下身边的教授、学长学姐，和他们沟通你的顾虑和想法，听听这些亲历者的建议。但是，最后的判断还得靠自己。反正，我想读博的时候，"一个女孩，读这么多书干吗""读了都毕不了业，是书呆子""博士出来也是个穷""女博士哈哈哈哈，是第三类人哦"这些难听、劝退的话不知道听了多少句、多少个版本，但对我这样一个认准了核心我诉求就会走到黑的人来说，这些都是可以一笑而过的杂音。

平和看待"大龄"

对一些在职场上打拼多年,想要重回校园读硕、读博的职场人来说,年龄往往是一个跨不过去的门槛。学校官方表示年龄不是问题,但联系导师实操起来,年龄可能会成为一个阻碍因素。硕士又分全日制和非全日制硕士,后者对年龄的要求不是特别严,看的是和年龄匹配的资历。

全日制硕士研究生和博士研究生的导师在招生的时候,可能会有一些年龄上的考量。据我观察,大部分情况下,这并不是所谓的"歧视"。导师面对大龄会产生一定的顾虑,主要是因为做学术、搞科研是需要静下心来投入大量时间和精力,吸收领域前沿的内容和知识的事,而根据导师多年的经验,他们接触到的很多大龄考生不具备这些特质。尤其是在职场中摸爬滚打多年的朋友,可能会存在"眼高手低"的情况:基础琐碎的杂活不愿意做,有难度的部分又做不好,实操层面科研能力薄弱等。投入了时间、资源来培养,但结果却是未知的,这也成为导师招收大龄考生时犹豫的重要原因。

年龄是我们客观自我的一部分,没必要否认,或者直接就给对方扣个"你就是歧视我大龄"的帽子。中庸我的思路还是,要认可现状,然后想着如何开出花来。如何将年龄由一种刻板的劣势转化成优势,是职场大龄考生需要首先突破的难关。

给大家提供一个思路:可以提前利用半年到一年的时间,去积累科研经历。无论是硕士还是博士,良好的科研能力都是做研究的基础。这种主动自发的经历，一方面能体现出你愿意花时间和精力做科研，去打消导师可能存在的顾虑，另一方面也能体现出你的能力是可以培养的，你不仅有学习能力，而且具有很好的自学能力。

另外，一些职场大龄考生认为，相较在学校里一路苦读的学生，自己具有更加丰富的社会阅历。其实重要的是，怎样把社会经历转换成在科研领域的优势，展现给导师。比如，对社科领域的导师来说，数据的来源往往是一个难题。如果你能利用自己积累的资源，联系企业机构，参与到研究中，提供所需数据收集的机会，这就是你的优势。

在《快乐的科学》第二版的序言中，尼采认为，身体经历过挫折的思想家，也体验了同等量级的哲学，因为哲学就是一门变形的艺术。我们的求学生涯和各种类型的学习过程，都是在通过对身心的变形和拉扯，折射关于自我的细语和回响，在各种维度下对思想进行延展，塑造着属于自己的"高定"的混沌世界。

PART
6

人生新算法
中庸我思维实景演练

中庸我问题解决模型

> 这么说来,问题的症结所在,就是得搞清楚你自己是什么样的人,这点清楚了,你的一套哲学体系也就水到渠成了。
>
> ——威廉·萨默塞特·毛姆《人性的枷锁》

朋友们,读到这里,我们的中庸我之旅就接近尾声了。

这套中庸我思维模式根植于我在商学院 20 余年来所做的管理心理学研究,在我的自媒体平台问答中,伴随着网线另一端生动的个体和具体的故事,逐渐成长和丰盈起来。在本书的前五个部分,我们已经对中庸我思维进行了全面详尽的阐释,你掌握这个带有中国传统智慧的思维工具了吗?

为了帮助大家更好地应用这个工具,我们再来梳理和总结一下运用中庸我思维解决问题的步骤。

Step1 与梦幻我思维谈判。
Step2 辨识、认领自己的核心我。

> Step3 围绕核心我提升弹性能力。
>
> Step4 修补隐性我的创伤,或带伤前行。
>
> Step5 应对混沌我的挑战,继续向前走。

在决策的当下,我们会更多地用到 1、2、3 中的内容,而 4、5 则是我们落实决策目标的过程中不可或缺的能力。中庸我思维是一套人生的新算法,是能够应对各种疑难问题的决策系统,是重新格式化自己、让思维获得新生的契机。希望它可以成为任何人都能拿来即用的思维工具(见图 11)。

想来一场中庸我思维的大练兵吗?下面有 8 个从青年朋友的提问中选出来的具有普遍性的问题。让我们试着把这些问题输入中庸我思维系统,看看会得出怎样的答案吧!也欢迎你拿起笔,写下自己的见解。

图 11 中庸我问题解决系统

Q 逛了逛校招，感觉本科学历很不值钱，我该怎么办？

A 我们再逛逛，可能就会发现硕士、博士学历也有不值钱的。但是再活活，我们就会发现，原来不管是本科生、研究生还是博士生，都有值钱的。不值钱的不是学历，是自己。

你发现没有，咱们的梦幻我思维出来了。这时候我们可以和它来一场谈判。

Hello，你好，你又出来了。在你这里，我没有我自己。我的核心我是什么？我有哪些特质？我的野心是什么？我对未来的生活状态有怎样的期许？你对这些好像都避而不谈。你没有鼓励我去想这些，而是让我去跟着媒体的情绪，被看到的表象带跑，草木皆兵。任何他人的获得，似乎都是对我自己权益的剥夺，而看到的"惨状"，又容易让我顾影自怜。

我知道为什么我看到校招本科生没有很高的待遇会慌了。因为我自己从来没有认真思考过在职场上我的内核是什么，我有什么，我要什么，我不要什么，我怕什么，我将面对什么，仅仅从学历一个单一维度去思考获得，是一种逃避，也是对过往这方面懈怠的责任的推脱。

你知道了吗？请你帮我，我们一起鼓起勇气梳理一下"核心我""弹性我""隐性我""混沌我"。为了明年面临的求职/求学的选择，勇敢一次，直面他人对我们内心秩序的摆布，用具体打败焦虑，用中庸我思维做自己能做的努力。

上面是一个和梦幻我谈一谈的例子，大家可以时不时就和自己的梦幻我谈一谈。

回到这位朋友的问题上，放在中庸我思维里，"没有正确的选择，只有适合自己的选择"这句老话也没错。学历是我们核心我坚固的一部分，如果在它的基础上可以达成自己的野心，那么就呵护它，去拥抱和延展核心我，用其他的实习经历、硬件buff、认知视野、人情往来以及第三部分提到的时间管理能力、沟通能力、表达能力等弹性能力去给它镀金，达成自己想要的目标。如果本科学历不够，或者但凡遇到困难就去抱怨学历，那就提升一下，图个心安不抱怨，硕博一路往上冲。当然，冲的过程中，前面提到的各种呵护一样也不能少。如今的职场，仅靠学历就能砸门的时代已经过去了。

Q 目前面临择业问题,
想选择自己喜欢的行业,
但父母和长辈都觉得没前景,
希望我去考公,我该何去何从?

A 现在市面上很多观点给人的感觉都是,世界上存在这样一个对你来说最好的工作,存在一个一劳永逸的岸,上去之后一生都是坦途。但现实是,人生就是一岸接着一岸,每一岸都有高点,也有无数的"坑"和苦。比如说考公、互联网大厂,这些世人眼里"宇宙尽头"的好工作,就真的适合每一个人吗?我也看到过不少青年朋友在考上公务员之后发现,这工作并不像他们想象中喝茶看报那么稳定又令人心旷神怡。还有些朋友入职互联网大厂之后,不堪繁重的工作压力,过得负能量满满。这样的工作称得上是"岸"吗?问题出在哪里呢?

问题还是在于梦幻我思维。首先,我们没有厘清自己的核心我是什么。比如,自己喜欢稳定、按部就班还是自由的工作方式,自己对金钱的欲望以及想给这个世界带来点什么、留下点什么,自己不能承受和想要放弃的都是什么。只因为父母说这是对的,老师说这是对的,自媒体博主说这是对的,就认领了别人口中的核心我,未经审慎的思考和实地调研体验就随便做出选择,这样的人生还是自己的人生吗?福有没有不知道,苦可是要亲自承受的啊。

说回你的问题。我在各种演讲和直播答疑中一直对大家强调一句话：选你所爱，爱你所选。具体来说就是，我们先要剖析自己的核心我，逐一列出我们在第二部分提到的核心我要素——工作观、金钱观、身体、学历、人格特质等，从这些方面审视自我，看看自己跟这个行业是否匹配，琢磨一下在行业里自己向往什么岗位，之后通过实习、听各种真实的人在行业里的体验等方法沉浸式感受一下。这一步可以帮助我们确认自己喜爱的是这个行业、这个工作，而不是对这个行业和工作的想象。这才是真正做到了"选你所爱"。

选择以后，又是一个崭新的开始。"爱你所选"就是充分认领我们的选择，义无反顾地往前走。过程中，我们会提升核心我的弹性，接受或修补隐性我的创伤，还要解决混沌的情境带来的难题。岸不岸的不重要，关键自己心里是踏实的，决定是自己的，路也是自己的。

喜乐相伴，冷暖自知。

Q 觉得自己的工作没什么意义，
自己就是个工具人，
每天都很倦怠，怎么办？

A 我并不觉得"工具人"是一个贬义词。"工具人"不代表没有自我。我们每个人都具有一定的"工具性"，或者说"有用性"。对我们普通人来说，工具性越足，核心我中不可撼动的东西越多，我们就越稳。而这些是我们去和他人核心我交互的重要"筹码"。

那为什么你会觉得委屈呢？可能你质疑的是工作本身。其实我们大部分人进入职场的时候，都是怀着对工作的期待，存着一股心气，想有一番作为的。那么是什么让我们越来越倦怠，离自己最初的职场野心越来越远呢？我们可以重新审视自己的核心我，判断一下目前工作中的哪些部分是跟核心我冲突的。如果情况还在可以调和的范围内，我们可以试着动手给工作添加一些创造性的变化，让它更贴合我们的核心我。比如，你是做产品或者做内容的，感觉自己的工作比较闭塞，那么是不是可以申请横向做一些推广方面的业务，增加自己跟外界接触的机会呢？这个概念在我们的研究中被称为"工作再造"（job crafting），也是职场中重要的弹性技能。

如果情况不在可调和的范围内，我们可以重新审视一下"意义"这个词。这也是我从业以来听同行聊过的最大困惑——觉得自己做的研究没意义，为了发表而发表，自己的论文是"学术垃圾"。这可怎么办？

对这个问题，我是这样想的：大部分学科的大部分研究，就是普普通通的一份工作。工作有高有低，那么高点儿能享受，低点儿能承受，和核心我方向一致就行。至于意义，作为分母去托举学术天才，是一种意义；因为做了科研可以留在高校教书育人，是一种意义；谋个生，做个不连累别人的人类样本，是一种意义；老老实实赚点儿钱，给父母买买好吃的，不给家庭添负担，是一种意义。

至于我们自己，宏大叙事并不一定会带来宏大的结果。虹吸世界精华的意义追求，本身就是形式逻辑的典范、辩证主义的障碍，过度美化核心我无法容纳的亮色，终究是梦幻思维又跑了出来。我会告诉自己，做个精神世界丰富、物质世界够用的人，做点儿和别人相关的小事，可能会给这个世界带来些许不同。而我个人的意义在于，这个不同是从我的核心我发起，又用我的双手创造的。

Q 感觉努力做事也没什么用，那我还要继续努力吗？

A 努力分两种：一种是战术上的勤奋，一种是战略上的筹谋。"有用"的意思，大概是显眼的回报。想要二者有强关系，两种努力缺一不可。

什么叫战略筹谋？谋的是什么呢？这就是中庸我思维中最重要的一点——清楚自己的特质和局限，明确核心我的野心和诉求。而战术方面的努力，就是撑住了，忍着，不在核心我的不碰，在核心我的把住了，血泪汗和头脑、精力一起付出，求一个概率。

比如现在年轻人喜欢调侃：我想要年薪百万！我不觉得这有什么好笑的，如果这种想法真的是核心我的野心，那么是可以的。但过程中呢？我们要想一想需要剔除和肃清什么。在我看来，一个普通人，如果想在四十岁之前年薪百万，核心我中休息、休闲、娱乐甚至是小情小爱、酒肉朋友，基本都不用要了。抛弃人欲中很迷人的一部分，并能坚持下去，就是战术方面的努力。接下来，是支撑战术努力的弹性能力的提升，比如我们在 Part 3 中提到的信息能力、沟通表达力、领导力、展示力等，为的是让我们的付出更划算、更值钱。

回到这个问题上。"努力做事也没什么用"这个表达本身，我是不认同的。只要我们走在靠近核心我的路上，哪怕在努力之后，某些具体的目标一时间没有达成，努力对自己来说也是一种交待和成全，会让我们和"核心我"的物理距离和心理距离越来越近。人生如白驹过隙，我们是过得浑浑噩噩，还是一直保持精气神去追求自己核心我中想要和需要的东西，差别是很大的。

这也是为什么我一直在这本书里，鼓励大家去确认自己核心我的原因，如果某个目标是别人扔来的，那么暂时的不得是一件非常令人懊恼的事，会让时间精力都白费，但如果目标是自己的，那么每一步都是有意义和价值的。

多年后回首人生，你拼搏过，努力过，为你自己的梦想流过泪，流过血，流过汗。你想起这些，内心是荡漾的、充盈的。

你可以大声说一句：我狠狠地爱过自己。多酷，多值！

Q 很害怕一到 35 岁 就被职场淘汰了,怎么办?

A "老"这个词以及"变老"这个过程,是每一个年龄的生命体都需要面对的功课。这些词也同样撩拨着那些三四十岁甚至更年轻职场群体的焦虑神经——"老冉冉其将至兮,恐修名之不立"。生活在现代社会,每个人都接受着看似矛盾的信息。一方面,学者们告诉我们,未来,我们中的一半人将活到 100 岁,看到 22 世纪的曙光。企业家们也在为"百岁人生"振臂呐喊,大健康已然变成投资圈里的热议话题。另一方面,各种招聘广告的年龄限制,给职场人敲响了惊魂警钟,"35 岁"这个从任何角度看都正当年的年龄,已经是不少职位的年龄上限。那么,到底"老"和"变老"意味着什么?它是礼物还是诅咒?

35 岁的种种限制,我不认同,你不认同,大家都不认同,但这件事就是在一定程度上存在的。我曾经问过几十个企业人力资源的负责人,为什么会这样,以及怎么解决,没人能给我一个答案,这似乎是笔糊涂账。我们只能把它算作职场的一大混沌事件,令人非常不快。希望大家走上领导岗位后,可以改变这个状况。

说回我们的焦虑,它应该落在哪里,照进什么行动。中庸我思维告诉我们,在混沌中,一旦不知所措,第一件事就是放弃宏大叙事,回到核心我，去看我们是不是在自己的轨道上。之后，再想办法去呵护、去达成。

一个焦虑的人，如果假设自己35岁时一定会碰上危机，那么从25岁研究生毕业进入职场的那一刻起，就要规划和行动。他的核心诉求要落在10年的职场生涯中如何给自己造壁垒、做业绩、编织起一张防护网上，这些都是需要他去做好准备的。

具体说来，可以运用书中Part 3介绍的简历管理法来提升自己的弹性能力。选择几位过了35岁依然具有竞争力的职场榜样，和他们聊，分析一下他们在各个阶段奋斗到了什么岗位，抓住了哪些重要的机遇，遇到了什么重要的人，负责了哪些亮眼的项目，身上有哪些不可替代的弹性能力等，给他们逐一拟简历。

之后去慢慢体会，结合自己的核心我诉求，一步一步去积累，向着自己的核心我的野心前进。"焦虑"的反义词是"具体"。十年光阴，一天一天扎实死磕下来，焦虑已然运化在具体中。

35岁，对于你来说，还真不一定是诅咒，反而很可能是一份礼物。

Q **闺密从小到大处处压我一头，我们关系很好，但我又很嫉妒她，怎么办？**

A 接受人和人不一样，不去和别人进行比较，从而获得幸福，这是重要的人生转折点。我们之所以会嫉妒他人，还是因为自己的核心我不够稳定，出现了梦幻我思维。当我们切换到中庸我思维，认领自己的核心我，充分地爱自己之后，再和别人交往时，我们的心态就会很平和。无论对方是更强还是更弱，我们自己的心态不太会因此发生变化，我们就会很舒服。

比如，闺密的原生家庭比你家有钱，那又怎么样？可以接受呀，这种继承来的东西，又不是我能左右的，大家核心我的底子不一样嘛。再比如，闺密的男朋友比你的帅，没关系啊，帅不帅不是我的核心我诉求，我的男朋友顾家、对我好，这是我想要的，他是适合我的。又或者闺密找了个人人羡慕的好工作，是很好呀，但是那个行业和岗位一点儿都不适合我，我喜欢我自己的工作。

嫉妒就是心里有一个难填满的沟壑，身边的人在任何一个维度，只要有一个好东西，我们都会觉得自己亏了，自己也想要。这就是梦幻我思维在作祟，要想过得好，就要把这种思维塞回去，中庸我一把——不是什么都越好，我的生活就越好。我要的我有了，我要的我在求，就已经很好了。

一旦核心我不够稳定，我们就会左顾右盼，看这个也比自己的好，看那个自己也没有，跟着别人的标准跑来跑去。我活到这个岁数，每天还是可以见到许许多多各方面都很优秀的人，"望尘莫及"这个成语更是时时复习。怎么办呢？莫及就不急呗。难道因为他今天进入我的视野，我就不是我了？我的好就灰飞烟灭、相形见绌了？不会的，我的好是客观的，我的核心我是稳定的。事实上，不用您说，不仅您觉得我不如您，I totally agree with you! 我也觉得我不如您。但是！我更喜欢我自己呀。

Q 我跟家里关系淡漠，很羡慕周围人幸福的原生家庭，该怎么改善跟父母的关系呢？

A 朋友，是什么让你们之间的关系淡漠呢？我猜想可能是我们的隐性我在原生家庭中遭受过创伤，我们跟父母之间有什么心结没有解开。用中庸我思维模式来看，原生家庭是我们核心我的一部分，它本身很难改变，我们要做的是去接受。注意，这里说的是接受，不是原谅，或者委屈自己制造表面和谐。

原生家庭的问题很复杂，处理起来很费心智。这个揭开伤疤的过程，对不少人来说，就是难以承受的痛。中庸我思维告诉我们两种思路。一个就是和隐性我共存。如果你觉得目前自己处理不了这些复杂的问题，可以带"伤"、带"印"前行。你依然可以拥抱核心我，过好自己的日子。如果想要处理这些问题，那么有一种思维叫"归因不归罪"。所谓"不归罪"，就是我们不要一说起自己的原生家庭就变成批判大会，比如"我妈就知道挑我的毛病""我爸总是对我呼来喝去""我现在发展得不好都跟他们小时候对我这样有关系"。对于已经是既成事实的创伤，我们再耿耿于怀也无济于事。"归因"就是让我们去了解当下困顿的来处，知道自己的需求点和缺憾点在哪里，解开这个结，继续向前走，建立新的、属于自己的秩序。

Q 跟男朋友时常为观念的分歧争吵，适合继续在一起吗？

A 在中庸我思维模式下，首先我们需要判断一下，跟男朋友之间的分歧是不是属于精神内核中的根本分歧。根据我们在 Part 2 中的论述，我们的精神内核包括人生观、工作观、金钱观等。比如，在人生观上，你想过得轰轰烈烈，他觉得平平淡淡才是真。在工作观上，你有强烈的职场野心，他觉得朝九晚五挣一份稳定工资就很好。在金钱观上，你主张多挣多花，消费也是一种体验，他却觉得钱是省出来的，所谓体验都是说辞，无非是掉进了消费主义的陷阱。如果你们在这些方面有分歧，那么继续在一起的话，就需要让两个有棱有角的核心我去碰撞和磨合，花费的成本就要高一些，爱的存量要足够，能支撑中间的消耗和碰撞。

让我们重新温习一下中庸我思维的定义：相信在以自我为中心和顺从他人这两极之间有一个平衡态的存在。亲密关系中的一个要义，就是要寻找以自我为中心和顺从他人之间的平衡态，在兼顾伴侣核心我的同时，照顾好自己的核心我。所谓的灵魂伴侣，其实就是核心我相似度高，或者说磨合得好的伴侣。真实的世界中没有神话，但生活可以过成童话。不完美的个体互相包容和扶持，带着爱，跌跌撞撞一起向前走。

后 记

沈从文在《一个人的自白》中有这样一段话，对我而言算是性格层面上的"世另我"："从这时起的我，一个具内向型的主要条件已形成，随同这个类型的特征也即起始见出。脆弱，羞怯，孤独，顽野而富于幻想。与自然景物易亲近，却拙于人与人之间的适应。家道日益贫困，且增加了这个对同年分，同小集团的亲友疏隔。……尤其是由之而来的屈辱，抵抗报复既无从，即堆积于小小生命中深处，支配到生命，形成一种生命动力来源。"

张新颖教授在《沈从文的后半生》对沈从文的描述，看得我是背脊发凉、心有戚戚："这个性格的内部，有这么多因素纠结，综合作用于生命的成长：顽野却内向，不缺少勇气却脆弱、羞怯，倾心人生光景却拙于人际关系、与人疏隔，为现实所拘而富于幻想、郁积屈辱。"

还记得十几年前，第一次走上大学讲台的前一天晚上，我失眠了。我是真的兴奋啊，觉得十几岁开始的信仰"我想当大学老师"终于成真了。这个梦想或者说职场野心，就是我自己核心我的重要组成部分。在那么小的时候就形成的核心我，与其说是一种职业理想或规划，不如说是一个内心顽劣又空寂、充满大志向又胆子很小的小孩，想要在这个世界立足，给自己找到的"绝对正确"。这个决定爸妈喜欢，周围"气人有、笑人无"的亲戚"喜欢"，我当然也喜欢。"当大学老师"这个梦想就开始执拗地深深刻在我的内核里。

我吃了一路的苦，过了一关又一关，在一种接近愚蠢的贴地行走中，历经千难万险，读到博士，当了大学老师，算是践行了核心我。

每当听到特别聪明的年轻人，脑子里一闪现出任何冲动与梦想，就急着反驳自己"唉，算了，可我就是个普通人""算了，努力也没有什么用"时，我的心里就会有一股难过的气生起。普通人怎么了？普通人不欠这个世界，普通人也没想变得不普通，只是想有自己，做更自己的自己，有罪吗？

我想把过往送给自己的一句话，也就是这本书的标题，送给大家：普通人、每个人，都有自己的宇宙——我有我的宇宙。

你如果也像我一样，经常难过，你就念念它。我从小智商平平，体力也一般，在贫穷中坎坷求学，难听、劝退的话不知道听了多少个版本。小时候会很难过，长大以后发现，人有时候很复杂，有些人就是见不得人好，所以你一想要好，有点儿苗头，就有人跳出来劝退、打压。为啥？因为这些人梦幻我了一辈子，一事无成，哪里见得了你这般坚持。万一你成了，这可不仅是打脸，简直是颠覆了他们虚弱的自我。

　　写这本书，也让我回看了自己这几十年的日子。还记得小时候妈妈喂药，都会说：一勺药，一口糖。过去的日子，也是药和糖都有吧。在如梦如幻中，我会想象，它们都是为了自己好的。

　　走到今天，我想，那种切身可以感受到的苦也并没有消失，但是，我已经感受不到吃药的那种苦了，因为我不是低着头为了谁吃这个药、受这个苦的。我在我自己的宇宙中，所以这勺药、这些苦都是我的。这种感觉特别自在。

　　感谢我的工作，让渺小的我和这个大大世界有了连接，也感谢成全我的工作的朋友们，谢谢你们让我的宇宙一直在，也让这本书成为可能。

　　爱你们，爱你们每一个人的宇宙。

图书在版编目（CIP）数据

我有自己的宇宙：混沌中清醒做自己的行动哲学/
钱婧著. -- 北京：北京联合出版公司，2024.3（2025.1重印）
　　ISBN 978-7-5596-7501-9

Ⅰ.①我… Ⅱ.①钱… Ⅲ.①心理学－通俗读物
Ⅳ.①B84-49

中国国家版本馆CIP数据核字(2024)第054800号

我有自己的宇宙：混沌中清醒做自己的行动哲学

著　　者：钱　婧
出 品 人：赵红仕
选题策划：后浪出版公司
出版统筹：吴兴元
策划编辑：王　頔　刘昱含
特约编辑：刘昱含　王　頔
责任编辑：牛炜征
营销推广：ONEBOOK
装帧制造：柒拾叁号

北京联合出版公司出版
（北京市西城区德外大街83号楼9层　100088）
河北中科印刷科技发展有限公司印刷　新华书店经销
字数205千字　889毫米×1194毫米　1/32　10印张
2024年3月第1版　2025年1月第4次印刷
ISBN 978-7-5596-7501-9
定价：68.00元

后浪出版咨询(北京)有限责任公司　版权所有，侵权必究
投诉信箱：editor@hinabook.com　fawu@hinabook.com
未经书面许可，不得以任何方式转载、复制、翻印本书部分或全部内容
本书若有印、装质量问题，请与本公司联系调换，电话：010-64072833